Über den Autor:
Malte Kreutzfeldt, Jahrgang 1971, ist Parlamentskorrespondent
für Wirtschaft und Umwelt bei der *tageszeitung (taz)* in Berlin.
Die deutsche Energiepolitik verfolgt er seit Jahren mit großem
Interesse und kommentiert sie teils begeistert, teils empört auch
für andere Medien, etwa im ARD-Presseclub oder im Deutsch-
landfunk. Zudem ist er regelmäßig als Moderator bei politischen
Kongressen von Gewerkschaften und Verbänden im Einsatz. Er
hat in Göttingen und Berkeley/Kalifornien Biologie und Politik
studiert und war zwischenzeitig als Pressesprecher beim globali-
sierungskritischen Netzwerk Attac tätig.

Malte Kreutzfeldt

DAS STROMPREIS-KOMPLOTT

Warum die Energiekosten
wirklich steigen und wer dafür bezahlt

Besuchen Sie uns im Internet:
www.knaur.de

FSC
www.fsc.org
MIX
Papier aus ver-
antwortungsvollen
Quellen
FSC® C083411

Deutsche Erstausgabe April 2014
Knaur Taschenbuch
Copyright © 2014 bei Knaur Taschenbuch.
Ein Unternehmen der Droemerschen Verlagsanstalt
Th. Knaur Nachf. GmbH & Co. KG, München.
Alle Rechte vorbehalten. Das Werk darf – auch teilweise –
nur mit Genehmigung des Verlags wiedergegeben werden.
Umschlaggestaltung: ZERO Werbeagentur, München
Satz: Adobe InDesign im Verlag
Druck und Bindung: CPI books GmbH, Leck
ISBN 978-3-426-78673-4

5 4 3 2 1

INHALT

VORWORT

Zum Jahreswechsel war es wieder so weit: Über neun Millionen deutsche Haushalte bekamen ähnlich lautende Post von ihren Stromversorgern. Trotz größter Bemühungen, hieß es darin in überaus freundlichem Ton, lasse sich ein Anstieg der Preise leider nicht vermeiden. Und auch die Erklärung war praktisch immer die gleiche: Die Energiewende ist schuld. Strom aus Wind, Sonne und Biomasse mag zwar umweltfreundlich sein und grundsätzlich sympathisch – aber er ist einfach zu teuer.

Seit über einem Jahr hören wir auf allen Kanälen, dass die erneuerbaren Energien die Stromkosten explodieren lassen: Verbraucherschützer sehen den Lebensstandard der Bevölkerung bedroht und warnen vor »Energiearmut«. Industrieverbände und Teile der Gewerkschaften bangen um die Konkurrenzfähigkeit der deutschen Wirtschaft und malen die »De-Industrialisierung« des Landes an die Wand. Kein Wunder also, dass im Bundestagswahlkampf fast alle Parteien »bezahlbare« Strompreise zu einem zentralen Ziel erklärten.

Diese massive Propaganda blieb nicht ohne Folgen: Die neue Regierung aus Union und SPD hat sich im Koalitionsvertrag darauf geeinigt, die Energiewende kräftig zu bremsen, und verkauft diesen Schritt nun als wesentliche Maßnahme, um die Kosten für die Bürger zu senken. Doch das ist eine dreiste Lüge.

Die Strompreise sind in den letzten Jahren zwar in der Tat massiv gestiegen – allein seit der Jahrtausendwende haben sie sich mehr als verdoppelt. Allerdings sind die erneuerbaren Energien nur zu einem kleinen Teil dafür verantwortlich.

In Wahrheit geht gerade einmal ein Viertel des Preisaufschlags auf den Ausbau von Solarpanelen, Windrädern und Biogaskraftwerken zurück. Neue Anlagen sind mittlerweile sogar so günstig, dass sie kaum noch Mehrkosten verursachen. Und das Geld für Ökostrom ist gut investiert. Denn durch ihn werden die um ein Vielfaches höheren Kosten für Umwelt- und Gesundheitsschäden gespart, die durch rauchende Kohleschlote oder strahlenden Atommüll entstehen. Diese tauchen zwar auf keiner Stromrechnung auf, müssen aber trotzdem von der Gesellschaft als Ganzes getragen werden.

Dennoch muss die Energiewende derzeit als alleiniger Sündenbock für die hohen Strompreise herhalten. Und das nutzt vor allem jenen, die wirklich für die horrenden Preise verantwortlich sind: den Stromversorgern, die unter dem Vorwand der Energiewende die Preise sehr viel stärker erhöht haben als notwendig – und diese Zusatzgewinne gern behalten wollen. Der Industrie, die sich jedes Jahr über höhere Strompreis-Subventionen freuen darf – und ein großes Interesse daran hat, dass das so bleibt. Und dem Finanzminister, der steigende Steuereinnahmen von den Stromkunden kassiert und darum keinerlei Interesse daran hat, Ökostrom steuerlich besserzustellen.

Verbündet haben sich diese Strompreis-Gewinner mit den Energiewende-Verlierern: den großen Energiekonzernen. Diese haben viel Geld in klimaschädliche Kohlekraftwerke investiert, die durch das Wachstum der erneuerbaren Energien immer weniger Gewinn abwerfen. Wenn als Folge der verengten Strompreis-Debatte die Energiewende gebremst wird, können sie mit diesen Dreckschleudern noch länger Profit auf Kosten der Umwelt machen.

Strom ist ein Milliardengeschäft. Wer dabei gewinnt und wer verliert, hängt fast ausschließlich von politischen Entscheidungen ab. In diesem knallharten Interessenkampf werden die Verbraucher instrumentalisiert. Erst werden sie ausgenommen: Mehr als drei Milliarden Euro zahlen private Haushalte jedes Jahr zu viel – um die Zusatzgewinne der Stromversorger und die Vergünstigungen für die Industrie zu sponsern. Und dann wird ihr berechtigter Ärger über die steigenden Strompreise umgelenkt in einen unberechtigten Protest gegen die Energiewende.

Gegen dieses unsoziale Komplott zu Lasten von Verbrauchern und Umwelt hilft nur eins: Bescheid wissen über die wahren Hintergründe der Kosten – und über die Möglichkeiten, die Strompreise wirklich günstiger und gerechter zu gestalten. Dabei will dieses Buch helfen. Nur wenn genug Menschen dafür kämpfen, die Strompreis-Abzocke zu beenden, ohne die Energiewende auszubremsen, wird die Politik noch zur Vernunft kommen.

Berlin, Januar 2014
Malte Kreutzfeldt

DIE ENTWICKLUNG
DES STROMPREISES

Seit Jahren steigende Rechnungen

»Wir bitten Sie um Verständnis für die unumgäng-
liche Preisanpassung«, schrieben die Stadtwerke
Brühl Ende November 2013 an ihre Stromkunden.
Sie sind eines der rund 350 Unternehmen, die zum
Jahreswechsel die Strompreise erhöhten. Praktisch
alle stellten diese Entwicklung als »bedauerlich«,
aber »zwingend notwendig« dar.
Wer einen dieser freundlichen Briefe bekommen hat,
dürfte davon kaum überrascht gewesen sein. Gesunken sind die Preise nämlich zuletzt Ende der
neunziger Jahre, als der monopolistisch geprägte
Strommarkt in Deutschland liberalisiert wurde. Seit
der Jahrtausendwende kennt die Stromrechnung nur
noch eine Entwicklung: steil nach oben.
Im Jahr 2000 bezahlte man noch weniger als 14 Cent
für eine Kilowattstunde – das ist die Energie, die ein
Gerät mit einer Leistung von 1000 Watt (zum Beispiel ein Toaster) in einer Stunde verbraucht. 2014
müssen die Verbraucher dafür deutlich tiefer in die
Tasche greifen: Rund 29 Cent verlangen die Stromanbieter derzeit im Schnitt nach Auskunft des Bun-
desverbands der Energie- und Wasserwirtschaft

(BDEW)[1]. Für einen deutschen Durchschnittshaushalt mit einem Jahresverbrauch von 3500 Kilowattstunden stieg die monatliche Stromrechnung damit von 41 Euro auf satte 85 Euro.

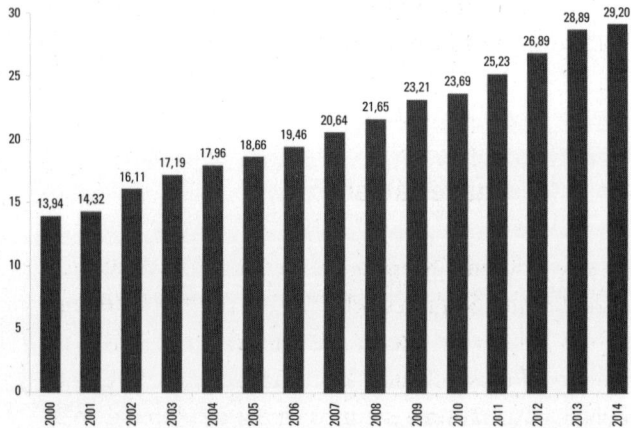

Abbildung 1: Durchschnittlicher Strompreis eines deutschen Haushalts in Cent pro Kilowattstunde

Quelle: BDEW, 2014: Schätzung

Der Kostenanstieg verlief ziemlich gleichmäßig: Jedes Jahr verteuerte sich der Strom für Privathaushalte um etwa einen Cent pro Kilowattstunde. Innerhalb von 14 Jahren hat sich der Preis damit mehr als verdoppelt. Die Inflation, also der allgemeine Wertverlust des Geldes, kann diese Steigerung nur teilweise erklären. Denn auch real, unter Abzug der Inflation, stiegen die Strompreise seit dem Jahr 2000 um mehr als 50 Prozent.

Im europäischen Vergleich liegen die deutschen Strompreise für Privatkunden dadurch weit vorn: Während man 2013 hierzulande rund 29 Cent pro Kilowattstunde bezahlte, lag der durchschnittliche Preis in der EU bei rund 20 Cent. Nur in Dänemark war der Strom mit 30 Cent noch teurer; in Frankreich kostete er mit 15 Cent hingegen fast die Hälfte.

Arme Haushalte zahlen mehr

Frieda Schmidt (Name geändert) weiß, wie es sich anfühlt, ohne Strom zu leben. Über drei Monate lang gab es bei der Rentnerin aus Dortmund keinen Kaffee zum Frühstück und kein Fernsehen am Abend. Lebensmittel konnte sie nicht mehr kühlen, die Wäsche nur noch von Hand waschen. Zum Lesen nutzte die 68-Jährige Kerzen. Immerhin lief ihr warmes Wasser weiter, weil es nicht elektrisch erzeugt wurde. Begonnen hat das Martyrium von Frieda Schmidt, als sie nach einer Strompreiserhöhung die monatlichen Abschläge nicht anpasste. So liefen im Laufe der Zeit Stromschulden auf, die sich schließlich mit Zinsen und Mahngebühren auf über 500 Euro summierten – zu viel für die schmale Rente, von der am Monatsende ohnehin nichts übrig blieb.

Aus Scham und Überforderung reagierte sie nicht auf die mehrfachen Androhungen ihres Stromversorgers, die Versorgung zu unterbrechen – bis dieser tatsächlich den Zähler abklemmte. Erst nachdem sie mit Unterstützung der Caritas eine Ratenzahlung vereinbaren konnte, floss der Strom schließlich wieder. Doch auf den Föhn und die Elektroheizung im Bad verzichtet die Rentnerin weiterhin, und auch sonst spart sie Strom, wo immer es geht. Nur so hat sie eine Chance, zusätzlich zu den aktuellen Rechnungen ihre alten Schulden zu bezahlen.

Wie schnell eine nicht beglichene Stromrechnung Ärger bereiten kann, musste nicht nur Frieda Schmidt am eigenen Leib erfahren. Im Jahr 2012 drohten die Stromnetzbetreiber nach Angaben der Bundesnetzagentur knapp sechs Millionen Haushalten mit einer Stromsperre. Das dürfen sie bereits ab einem offenen Betrag von 100 Euro tun. In 322 000 Fällen wurde der Strom tatsächlich abgeklemmt – ein Anstieg gegenüber dem Vorjahr um drei Prozent. Für die Caritas ist das ein Skandal. »Es bringt Menschen in eine entwürdigende Situation, wenn sie im Dunkeln sitzen, nicht kochen und keine Wäsche waschen können«, sagt Generalsekretär Georg Cremer.

Natürlich sind die steigenden Strompreise nicht das einzige Problem von Menschen mit geringem Einkommen. Doch sie haben eine besondere Brisanz. Der Strompreisanstieg trifft Menschen in verschiedenen Einkommensgruppen nämlich in sehr unterschiedlichem Ausmaß. Wie eine Analyse des Deutschen Instituts für Wirtschaftsforschung zeigt, stieg der Anteil der Stromrechnung an den Gesamtausgaben beim ärmsten Zehntel der Haushalte von knapp 3 Prozent im Jahr 2000 massiv auf über 4,5 Prozent im Jahr 2013. Beim reichsten Zehntel der Bevölkerung stieg er im gleichen Zeitraum hingegen nur geringfügig von 1,8 auf 2 Prozent.[2]

Ärmere Menschen geben also inzwischen einen mehr als doppelt so großen Anteil ihres Einkommens für Strom aus wie Reiche. Diese Entwicklung hat drei einfache Gründe: Wer 10 000 Euro im Monat verdient, besitzt zwar vermutlich deutlich mehr elektrische Geräte als jemand mit 1000 Euro Monatslohn. Aber eben nicht zehnmal so viele. Zudem können sich Besserverdiener eher moderne LED-Lampen und sparsame A+++-Küchengeräte leisten, während Niedriglöhner meist alte Stromfresser im Einsatz haben und teilweise sogar mit Strom heizen. Dazu kommt, dass die Stromtarife über Grundgebühren und Mengenrabatte meistens so gestaltet sind, dass Haushalte mit geringem Verbrauch mehr pro Kilowattstunde bezahlen als solche mit hohem Verbrauch. Und auch die hohen Gebühren für Mahnungen und Stromsperren treffen in der Regel nur finanzschwache Haushalte und verschlimmern ihre Situation damit weiter.

Nicht nur Geringverdiener, deren Löhne in den letzten Jahren im Schnitt weniger stark gestiegen sind als die Inflation, leiden unter den immer höheren Strompreisen. Betroffen sind auch diejenigen, die von staatlicher Unterstützung leben. Der Hartz-IV-

Satz berücksichtigt zwar die Strompreis-Entwicklung. Allerdings wird diese nur alle fünf Jahre gesondert erhoben und dazwischen anhand von Inflations- und Lohnentwicklung angepasst.

Dabei bleibt zum einen unberücksichtigt, dass die Strompreise in den letzten Jahren, wie beschrieben, stets doppelt so stark gestiegen sind wie die Inflation. Zum anderen erfolgt selbst diese geringe Anpassung immer mit eineinhalb Jahren Verzögerung, so dass die zur Verfügung stehende Summe nie den realen Bedarf deckt.

Berechnungen des Strompreis-Vergleichsportals Verivox bestätigen das Problem: Während 2013 im Hartz-IV-Regelsatz von 382 Euro gerade einmal 32 Euro für »Strom und Wohnungsinstandhaltungen« vorgesehen waren, lag die reale Stromrechnung eines Single-Haushalts im Schnitt bei 39 Euro. Selbst wenn keinerlei Reparaturen in der Wohnung anstehen, ist der zur Verfügung stehende Betrag also 20 Prozent niedriger als der Bedarf. Die Caritas geht sogar von einem Fehlbetrag von 27 Prozent aus, da Arbeitslose mehr Zeit zu Hause verbringen und dadurch einen höheren Stromverbrauch haben als vergleichbare Haushalte von Berufstätigen.

Finanziell noch schlechter dran sind diejenigen, die als Schüler oder Studenten von BAföG leben. Denn hier orientiert sich die Anpassung der Sätze allein an den allgemeinen Lebenshaltungskosten. In diese fließen die Stromausgaben mit 2,4 Prozent ein; tatsächlich dürften sie jedoch bei 4,5 Prozent liegen, weil BAföG-Empfänger per Definition zum ärmsten Zehntel der Bevölkerung gehören. Die im Vergleich zur Inflationsrate stärker steigenden Strompreise werden darum nicht ausreichend berücksichtigt.

Bei Wohngeldempfängern schließlich fließen die Stromkosten überhaupt nicht in die Berechnung ein, so dass sie die Steigerungen der letzten Jahre vollständig aus der eigenen Tasche bezahlen müssen.

Gefangen im teuren Tarif

Erschwert wird die Situation für viele Haushalte mit geringem Einkommen dadurch, dass sie häufig Probleme haben, zu einem günstigeren Anbieter zu wechseln. »Sie hatten uns mit der Energielieferung für Ihre Verbrauchsstelle beauftragt«, schrieb etwa der regionale Stromanbieter Süwag, ein Tochterunternehmen von RWE, im November 2013 an Bettina Becker (Name geändert). Doch aus dem Wunsch der Studentin, in ihrer ersten eigenen Wohnung in Darmstadt günstigen Strom zu beziehen, wurde nichts: »Nach erfolgter Bonitätsprüfung haben wir Ihren Auftrag abgelehnt«, teilte die Süwag mit – und fügte noch höflich hinzu: »Ihre Enttäuschung darüber können wir verstehen.«

Solche Briefe sind verbreitet. Denn viele Stromversorger prüfen heutzutage vor Vertragsabschluss das bisherige Zahlungsverhalten – die sogenannte Bonität – der potenziellen Kunden durch eine Abfrage bei der Schufa oder vergleichbaren Firmen wie Creditreform oder Infoscore. Die genauen Kriterien dafür sind unklar. Die Stromanbieter äußern sich dazu in der Regel nicht, sondern verweisen auf die Firmen, die die Zahlungsfähigkeit prüfen. So auch im Fall von Bettina Becker. Ihr teilte die Süwag lapidar mit: »Wenn Sie Fragen zu Ihren Bonitätswerten haben, wenden Sie sich bitte an die Kundenhotline der Creditreform Boniversum GmbH« – und die ist natürlich kostenpflichtig.

Genaue Zahlen über abgelehnte Stromkunden in Deutschland gibt es kaum. Die Zahl der potenziell Betroffenen ist jedoch groß: Die Schufa verfügt nach eigenen Angaben über Datensätze von 66 Millionen Bundesbürgern. Die meisten von ihnen gelten als unkritisch. Dennoch bleiben rund sechs Millionen deutsche Verbraucher, deren Zahlungsmoral als mehr oder weniger negativ eingeschätzt wird.

Besonders hoch ist das Risiko einer Ablehnung für alle, die in den letzten Jahren ein Privatinsolvenzverfahren durchlaufen haben, weil sie überschuldet waren. Aber auch offene Rechnungsbeträge, Mahnverfahren oder nicht bediente Kredite können Gründe für eine negative Schufa-Wertung sein. Bei manchen Anbietern spielt sogar die Wohngegend eine Rolle, so dass man für die möglicherweise schlechte Zahlungsmoral seiner Nachbarn mitbestraft werden kann. Teilweise werden Anbieterwechsel aber auch ohne jeglichen erkennbaren Grund abgelehnt. Bettina Becker beispielsweise hat als Studentin einen gutbezahlten Nebenjob und nach eigener Auskunft keinerlei negative Kreditgeschichte. Den verweigerten Wechsel empfindet sie dementsprechend als »Frechheit«.

Rechtlich ist eine solche Ablehnung jedoch nicht zu beanstanden. Denn die Vertragsfreiheit erlaubt es jedem Anbieter, Kunden abzulehnen, ohne dafür nachvollziehbare Gründe zu nennen. Lediglich der Grundversorger – das ist derjenige Anbieter, der in einer Stadt die meisten Kunden hat – muss jeden beliefern. Doch diese Grundversorgertarife sind stets erheblich teurer als die Preise anderer Anbieter. Auch Bettina Becker zahlt beim Darmstädter Grundversorger Entega nun über 10 Prozent mehr, als ihr Strom bei der Süwag gekostet hätte – und den dort versprochenen Willkommens-Bonus von 100 Euro gab es natürlich auch nicht. Selbst in günstigere Tarife des Grundversorgers dürfen Kunden mit schlechter Bonität in vielen Fällen nicht wechseln – obwohl das Risiko eines Zahlungsausfalls dadurch nicht steigen, sondern sogar sinken würde.

Zwar machen bei weitem nicht alle Stromversorger eine solche Prüfung, so dass niemand nach einer einmaligen Absage aufgeben sollte. Doch gerade die besonders günstigen Anbieter, die entsprechend knapp kalkulieren und Zahlungsausfälle darum auf jeden Fall ausschließen wollen, haben häufig entsprechende Klauseln in ihren Geschäftsbedingungen und lehnen nach Bonitätsanfragen auch Kunden mit geringem Risiko rigoros ab.

Doch selbst bei guter Bonität ist ein Wechsel nicht für jeden möglich. Preisvergleich, Auswahl eines neuen Anbieters und Vertragsabschluss sind zwar theoretisch innerhalb weniger Minuten machbar – aber praktisch nur im Internet. Wer nicht online ist, hat ohne externe Hilfe, etwa durch die Verbraucherzentrale, kaum eine Möglichkeit, an die relevanten Daten zu gelangen. Und so selbstverständlich, wie die Internet-Nutzung für die meisten heutzutage ist: Auch 2012 hatten nach Angaben der International Telecommunication Union 14 Prozent der Deutschen keinen Zugang zum Netz – also immerhin jeder Siebte.

Eine genauere Aufschlüsselung dieser Daten nach Einkommensgruppen gibt es nicht. Es ist jedoch davon auszugehen, dass es vor allem ärmere Haushalte sind, die sich Computer und Internetzugang nicht leisten können. Zudem zeigen frühere Daten des Statistischen Bundesamts erwartungsgemäß, dass es besonders oft ältere Menschen sind, die offline leben. Gerade für Senioren, deren Renten oft ohnehin spärlich ausfallen, ist der Wechsel zu einem billigeren Stromanbieter damit deutlich schwieriger.

Insgesamt ist die Tendenz damit klar: Arme müssen nicht nur relativ gesehen einen größeren Teil ihres Einkommens für Strom ausgeben. Sie zahlen oft auch in absoluten Zahlen einen höheren Strompreis und haben weniger Möglichkeiten, sich durch einen Anbieterwechsel dagegen zu wehren. Die steigenden Strompreise verschärfen daher massiv die soziale Ungleichheit in Deutschland, denn sie treffen Arme weitaus stärker als Reiche.

WARUM STEIGEN DIE PREISE?

Die Rechnung hat viele Teile

Um den Anstieg der Strompreise zu verstehen, ist es hilfreich, zunächst die Zusammensetzung des Rechnungsbetrags zu kennen. Im Wesentlichen lassen sich dabei drei große Blöcke unterscheiden.

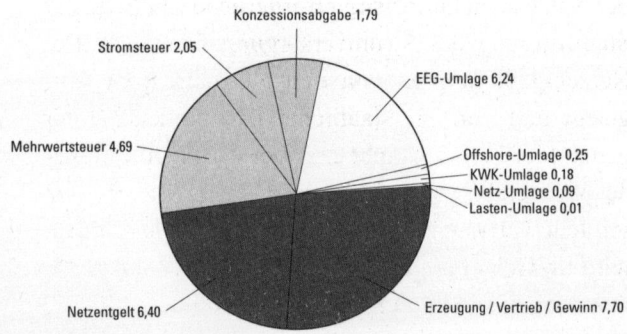

Abbildung 2: Bestandteile des Strompreises von Haushaltskunden im Jahr 2014 in Cent pro Kilowattstunde

Quelle: BDEW, Bundesnetzagentur, eigene Berechnungen

Knapp die Hälfte des Rechnungsbetrags bleibt bei den Stromunternehmen (in der Grafik dunkelgrau dargestellt): Von den gut 29 Cent, die ein Privathaushalt im Schnitt pro Kilowattstunde bezahlt, landen rund 8 Cent beim jeweiligen Stromversorger. Mit diesem Betrag kauft er den Strom an der Strombörse oder produziert ihn in eigenen Kraftwerken; zudem finanziert er damit den Vertrieb, also Werbung und Abrechnung, und erwirtschaftet seinen Gewinn.

Weitere 6,5 Cent gehen für den Transport des Stroms drauf: Diesen Betrag teilen sich der örtliche Verteilnetzbetreiber – das ist meist ein Tochterunternehmen des größten lokalen Stromanbieters – und einer der überregionalen Übertragungsnetzbetreiber, von denen es in Deutschland vier verschiedene gibt. Damit werden neben dem Ausbau und der Instandhaltung der Netze auch kurzfristig erforderliche Eingriffe zur Stabilisierung der Stromversorgung finanziert. Die Netzentgelte werden von den Netzbetreibern festgelegt und von der staatlichen Bundesnetzagentur genehmigt. Regional gibt es dabei starke Unterschiede: Während Kunden in Bremen weniger als 5 Cent pro Kilowattstunde für den Stromtransport bezahlen, wird im Gebiet der ostdeutschen E.ON-Tochter Edis fast doppelt so viel in Rechnung gestellt.

Der zweite große Block der Stromrechnung (in der Grafik hellgrau) setzt sich aus Steuern zusammen: Ein Privathaushalt zahlt für jede Kilowattstunde Strom einheitlich 2,05 Cent Stromsteuer. Die Kommunen, unter deren Gebiet die Kabel verlaufen, bekommen zudem eine sogenannte Konzessionsabgabe. Diese liegt je nach Größe der Gemeinde zwischen 1,29 und 2,39 Cent pro Kilowattstunde. Auf den gesamten Rechnungsbetrag wird dann noch Mehrwertsteuer erhoben; diese macht derzeit rund 4,7 Cent aus. Insgesamt landen damit knapp 30 Prozent der Stromrechnung beim Staat.

Der dritte Block des Strompreises entfällt auf staatlich festgelegte Abgaben (in der Grafik weiß hinterlegt). Die höchste und zugleich am meisten diskutierte Umlage ist mit 6,2 Cent jene zur Förderung von Ökostrom-Anlagen. Sie wird allgemein als EEG-Umlage bezeichnet, weil sie im Erneuerbare-Energien-Gesetz – kurz EEG – geregelt ist. Die Grundidee dieses Gesetzes, das als Herzstück der deutschen Energiewende gilt, stammt noch aus den frühen neunziger Jahren. Während die westdeutsche Stromwirtschaft gerade damit beschäftigt war, sich nach Osten auszudehnen, brachte der CSU-Abgeordnete Matthias Engelsberger ohne großes Aufsehen das »Strom-Einspeise-Gesetz« im Bundestag ein, das vor allem Wasserkraftwerken und Windrädern Mindesttarife garantieren sollte. SPD-Vordenker Hermann Scheer sorgte später zusammen mit dem Grünen-Politiker Hans-Josef Fell dafür, dass das Gesetz unter der ersten rot-grünen Koalition erheblich ausgeweitet wurde. Unter dem Namen Erneuerbare-Energien-Gesetz garantiert es seit 2000 feste Vergütungssätze für Strom aus Wind, Wasser, Sonne, Biomasse und Erdwärme. Diese Tarife lagen anfangs um ein Vielfaches über dem Marktpreis für Strom. Die Höhe der Vergütung richtet sich nach der genutzten Technik, dem Zeitpunkt der Inbetriebnahme sowie dem Standort und der Größe der Anlage; sie gilt für einen Zeitraum von bis zu zwanzig Jahren.

Das EEG, das seitdem mehrmals überarbeitet und von vielen anderen Ländern übernommen wurde, war in doppelter Hinsicht ein großer Erfolg: Zum einen führte es zu einem schnellen Wachstum von Ökostrom-Kraftwerken. Während im Jahr 2000 weniger als 7 Prozent des deutschen Stroms aus erneuerbaren Energien stammten, sind es aktuell rund 25 Prozent.

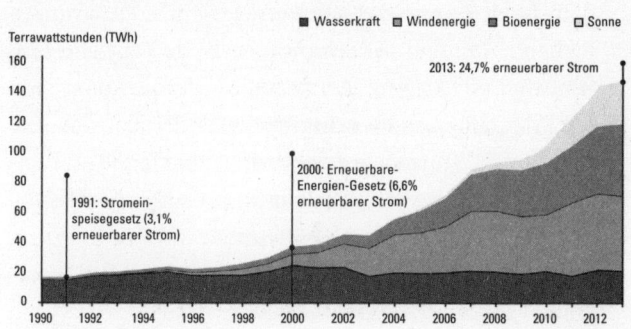

Abbildung 3: Anteil der erneuerbaren Energien an der Stromerzeugung

Quelle: Agentur für erneuerbare Energien, Grundlage AGEE-Stat/AG Energiebilanzen

Zum anderen ließ der durch das Gesetz ausgelöste starke Ausbau der regenerativen Energien die Kosten für die Ökostrom-Erzeugung erheblich sinken. 2001 musste man für Strom aus Solarzellen zum Beispiel noch über 50 Cent pro Kilowattstunde bezahlen, damit sich seine Erzeugung rechnete; 2014 liegt die Vergütung für große Solaranlagen hingegen bei weniger als 10 Cent. Bei Windkraftwerken an Land gab es ebenfalls einen Rückgang; je nach Standort werden heute 7 bis 10 Cent bezahlt.

Diese Kosten sind aber immer noch höher als der Marktwert des Stroms an der Börse, der derzeit bei 4 bis 5 Cent liegt. Die Differenz zwischen den Zahlungen an die Betreiber der Öko-Kraftwerke und den Einnahmen aus dem Stromverkauf legen die Netzbetreiber als EEG-Umlage auf die Stromkunden um. Daneben gibt es noch eine Reihe weiterer Umlagen, die ebenfalls mit der Energiewende im Zusammenhang stehen, aber im Strompreisgefüge kaum ins Gewicht fallen: So zum Beispiel die KWK-Umlage, mit der konventionelle Kraftwerke gefördert werden, die Strom und Wärme gleichzeitig produzieren und dadurch besonders effizient sind (im Fachjargon Kraft-Wärme-Kopplung genannt); die Offshore-Umlage, mit der das Risiko von Verzögerungen beim Netzanschluss von Windparks im Meer abgedeckt werden soll, sowie eine Umlage, mit der große Stromverbraucher entschädigt werden, wenn sie kurzzeitig ihren Verbrauch senken, um das Netz zu entlasten. Im Jahr 2014 machen alle Umlagen zusammen 6,8 Cent pro Kilowattstunde aus.

Ökostrom: Als Preistreiber
absichtlich überschätzt

In der öffentlichen Wahrnehmung werden die steigenden Strompreise meist allein der Energiewende zugeschrieben, also dem Ausbau von Kraftwerken, die Sonne, Wind, Wasser und Biomasse in Strom verwandeln, sowie den dafür notwendigen Netzen.

Diese Behauptung stimmt jedoch nur zum Teil. Zwar sind mit dem starken Ausbau der erneuerbaren Energien in der Tat die Kosten gewachsen. Und auch die EEG-Umlage ist in den letzten Jahren teils sprunghaft angestiegen. Wenn man sich den Anstieg der Strompreise seit der Jahrtausendwende jedoch genauer anschaut (Abbildung 4), fällt sofort auf, dass der Ökostrom keineswegs allein schuld sein kann am Anstieg der Preise. Denn während der Strompreis seitdem um etwa 15 Cent gestiegen ist, macht die EEG-Umlage im Jahr 2014 nur 6,2 Cent aus. Auch zusammen mit den anderen Umlagen sind es nur 6,8 Cent – und damit deutlich weniger als die Hälfte des Preisanstiegs, den die Verbraucher seit dem Jahr 2000 bezahlen müssen.

Doch selbst diese Summe lässt die Kosten des Ökostrom-Ausbaus noch weitaus höher erscheinen, als sie in Wahrheit sind. Das wird deutlich, wenn man die Entwicklung der EEG-Umlage mit den tatsächlichen Ausgaben für den Ökostrom vergleicht (Abbildung 5). Dann zeigt sich: Die gesamte Vergütung, die an die Produzenten von erneuerbarem Strom

Durchschnittlicher Strompreis eines Drei-Personen-Haushaltes in ct/kWh
Jahresverbrauch von 3500 kWh

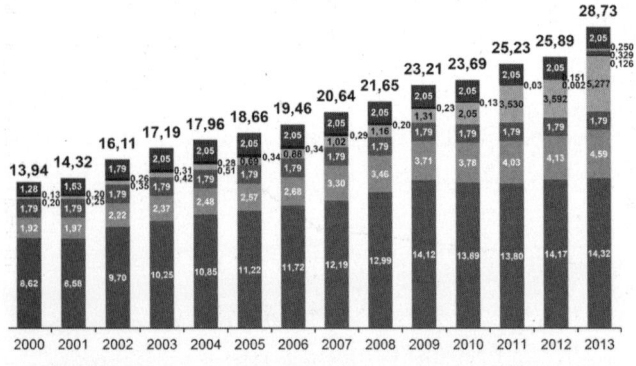

Von unten nach oben
■ Erzeugung, Transport, Vertrieb ■ MwSt. ■ Konzessionsabgabe □ EEG-Umlage
■ KWK-Aufschlag ■ §19-Umlage □ Offshore-Haftungsumlage ■ Stromsteuer

Abbildung 4: Entwicklung der einzelnen Bestandteile des Strompreises
Quelle: Bundesverband der Energie- und Wasserwirtschaft (BDEW), Stand 04/2013

ausgezahlt wird, hat sich (abzüglich der durch die
dezentrale Einspeisung vermiedenen Netznutzungs-
entgelte) von 2004 bis 2014 ungefähr versechsfacht.
Die EEG-Umlage ist im gleichen Zeitraum aber doppelt so stark gestiegen, nämlich auf das Zwölffache.
Wie kommt diese Differenz zustande? Warum ist die
EEG-Umlage, mit der die Ökostrom-Vergütung bezahlt wird, doppelt so schnell gestiegen wie die Vergütungen selbst? Das hat zwei Gründe, die wir uns in
den nächsten Kapiteln genauer ansehen werden:
Zum einen sind in den letzten Jahren immer mehr
Industriebetriebe von der Zahlung der EEG-Umlage
befreit worden. Dadurch verteilen sich die Kosten für

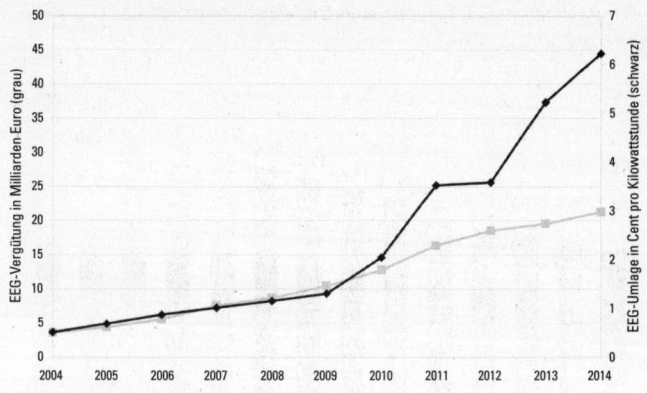

Abbildung 5: Entwicklung von EEG-Vergütung und EEG-Umlage

den Ökostrom auf immer weniger Schultern. Zum anderen führte das große Angebot an Ökostrom dazu, dass der Strom an der Börse insgesamt billiger wurde. Da sich die EEG-Umlage aus der Differenz zwischen dem Börsenpreis und den gezahlten Ökostrom-Vergütungen berechnet, ist sie zuletzt sehr viel stärker gestiegen als die reinen Vergütungszahlungen. Der jüngste Anstieg der Umlage zum Jahresbeginn 2014 ging nach Berechnungen des Öko-Instituts zu 37 Prozent auf den sinkenden Börsenpreis zurück.[1] Ein weiteres Drittel entfiel auf die Zunahme von Ausnahmen für die Industrie. Auch der bisher stärkste Anstieg der EEG-Umlage ein Jahr zuvor (von 3,5 auf 5,7 Cent) lag nicht einmal zur Hälfte an neu gebauten Ökostromanlagen. Dennoch gelten sie in der Öffentlichkeit als Kern allen Übels.

29

Der Mythos von den Zahnarzt-Renditen

Gern bemüht wird in diesem Zusammenhang auch das Bild vom reichen Zahnarzt, der eine Solaranlage auf sein Eigenheim baut und sich seine fette, zweistellige Rendite über die Stromrechnung von Geringverdienern und Hartz-IV-Empfängern in ihren Mietwohnungen bezahlen lässt. Die Energiewende mutiert dabei zur brutalen Umverteilungsmaschine, die die soziale Ungleichheit im Land drastisch verschärft. Besonders gern wird dieses Argument von jenen Kräften angeführt, die sonst mit wachsender Ungerechtigkeit kein großes Problem haben – aber dafür offenbar ein um so größeres Interesse daran, die Energiewende schlechtzureden: Das Institut der Deutschen Wirtschaft klagte über eine »deutliche Umverteilung von Arm zu Reich«, FDP-Spitzenkandidat Rainer Brüderle forderte, »die Umverteilung von Mietern zu Anlagenbetreibern über die EEG-Umlage« müsse »ein Ende haben«. Und auch der Chefredakteur der Wirtschaftswoche, Roland Tichy, prangerte die »gewaltige Umverteilung zugunsten von Hausbesitzern mit Sonnenkollektoren auf dem Dach« an.

Das Bild von den üppigen Gewinnen der Oberschicht auf Kosten der Armen ist jedoch in mehrfacher Hinsicht fragwürdig. Denn die Renditen, die mit Ökostrom-Kraftwerken erwirtschaftet werden, sind meist weit geringer als in der Öffentlichkeit angenommen. Zwar gab es von 2010 bis 2012 eine Phase, in der die Preise für Solaranlagen schneller gefallen sind als die Vergütungssätze, was an guten Standorten tatsächlich Renditen von mehr als 10 Prozent (auf das Gesamtkapital) ermöglichte. Inzwischen sind die Sätze jedoch längst so stark reduziert worden, dass die Renditen eher bei 5 Prozent liegen – und niedriger dürfen sie kaum sein, wenn überhaupt investiert werden soll.

Noch stärker relativieren sich die Renditen von Solaranlagen und Windrädern, wenn man sie mit den Werten vergleicht, die die großen Stromkonzerne mit ihren konventionellen Kraftwerken erwirtschaften. So erzielten die Stromriesen RWE und EnBW über viele Jahre Gesamtkapitalrenditen von über 15 Prozent, E.ON lag nur knapp darunter. Auch 2012 lagen die Renditen noch im deutlich zweistelligen Bereich – was die Unternehmen allerdings nicht von lauten Klagen abhielt. Und für ihre Stromnetze dürfen die Konzerne mit staatlicher Billigung bis heute eine Rendite von über 9 Prozent auf die Stromkunden umlegen.

Auch diese Gewinne werden übrigens von Geringverdienern über ihre Stromrechnung mitfinanziert und dann an die Aktionäre der Großkonzerne ausgeschüttet – zu denen im Zweifel auch eher der Zahnarzt gehört als der Hartz-IV-Empfänger. An der Umverteilung hat sich durch den Ausbau des Ökostroms im Grundsatz also nichts geändert – außer dass die Renditen bei den erneuerbaren Energien deutlich niedriger sind und die nötigen Investitionen nicht etwa den Import von Kohle oder Uran finanzieren, sondern vielmehr die Schaffung regionaler Arbeitsplätze.

Insgesamt bleibt also festzuhalten: Die Strompreise sind in Deutschland bereits kräftig gestiegen, bevor der Ausbau der erneuerbaren Energien überhaupt spürbar war. Auch seitdem macht die EEG-Umlage nur einen Teil der Mehrkosten aus. Und diese Mehrkosten wiederum liegen nur zum Teil daran, dass mehr Ökostrom erzeugt wird. Es gibt also noch viele andere Akteure, die im Windschatten der Energiewende mitkassieren.

Stromversorger: Abzocke unter dem Deckmantel der Energiewende

Bei den Stadtwerken Solingen läuft es nicht überall rund. Mit ihren 99 Bussen, die teilweise elektrisch betrieben werden, erwirtschaftete die Verkehrssparte des nordrhein-westfälischen Kommunalversorgers im Geschäftsjahr 2012/2013 ein Defizit von 7,5 Millionen Euro. Auch das Geschäft mit Trinkwasser macht keine Freude, weil der Verbrauch seit Jahren sinkt. Doch ein Bereich wirft nach wie vor hohe Gewinne ab: die Energiesparte, also der Verkauf von Strom und – in deutlich geringerem Umfang – Gas. Weil in diesem Bereich Überschüsse von fast 12 Millionen Euro anfielen, konnte sich der Aufsichtsratsvorsitzende Manfred Krause bei der Vorstellung des Jahresberichts insgesamt über einen ordentlichen Gewinn von 4,3 Millionen Euro freuen.

Nicht nur in Solingen gilt: Der Handel mit Strom ist für Versorgungsunternehmen ein gutes Geschäft. Nach dem Abzug von Steuern, Netzentgelten und Umlagen verbleiben von jeder verkauften Kilowattstunde knapp 8 Cent beim Stromversorger. Damit finanziert er die Produktion oder den Einkauf des Stroms, den Vertrieb – also Werbung und Abrechnung – und natürlich seinen Gewinn. Und der dürfte bei vielen Anbietern in den letzten Jahren deutlich gestiegen sein.

Ihre genaue Kalkulation – Einkaufspreise, Vertriebskosten und die daraus resultierende Gewinnmarge – halten die Unternehmen zwar in der Regel geheim. Doch anhand öffentlich zugänglicher Daten lässt sich die Entwicklung des Gewinns zumindest ungefähr ermitteln.

Zunächst muss man dafür wissen, dass die meisten Versorger den Großteil ihres Stroms nicht in eigenen Kraftwerken produzieren, sondern einkaufen. Die Preise dafür werden vor allem an der Strombörse gebildet. Diese liegt in einem schlichten Großraumbüro in Leipzig – und besteht im Wesentlichen aus unzähligen Monitoren, auf denen die Strompreise für verschiedene Zeitpunkte angezeigt werden.

Denn hier, an der European Energy Exchange (kurz EEX), kann Strom bis zu sechs Jahre im Voraus ge-

und verkauft werden. Auf diese Weise können sich sowohl Produzenten als auch Lieferanten gegen Preisschwankungen absichern. Ein Teil des Stroms wird an einer eigenen Börse, der Epex Spot, auch kurzfristig gehandelt – überwiegend in einer verdeckten Sammelauktion am Vortag, spätestens jedoch 45 Minuten vor der geplanten Lieferung des Stroms. Handel mit Strom findet aber auch außerhalb der Strombörse statt; die Preise orientieren sich jedoch auch dann eng am jeweils aktuellen Börsenkurs.

Und dieser Kurs ist in den letzten fünf Jahren permanent gesunken (siehe Abbildung 6). So verbilligte sich zum Beispiel bei Strom, der ein Jahr im Voraus gekauft wird, der höhere Kurs für Tagesstrom von über 8 auf 5 Cent pro Kilowattstunde. Der günstigere Nachtstrom sank im Schnitt von 6 auf 4 Cent.

Ein wesentlicher Grund für diesen Rückgang ist das wachsende Angebot an Ökostrom. Die Preisbildung an der Börse funktioniert nämlich in der Praxis so, dass das zum jeweiligen Zeitpunkt teuerste konventionelle Kraftwerk den Preis für den gesamten zu diesem Zeitpunkt gehandelten Strom festlegt. Durch den Ökostrom, dessen Vergütung ja unabhängig von der Börse geregelt wird und der beim Einspeisen ins Netz stets Vorrang hat, kommen teure Gas- und Ölkraftwerke seltener zum Einsatz. Stattdessen richtet sich der Strompreis immer häufiger nach den betriebswirtschaftlich günstigeren Kohlekraftwerken.

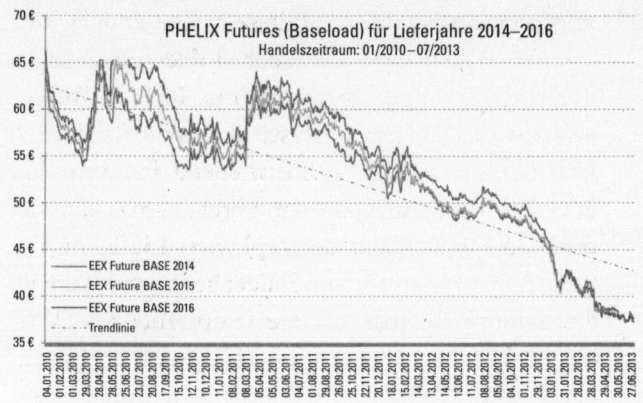

Abbildung 6: Entwicklung des Strompreises an der Börse Leipzig

Quelle: Deutsche Umwelthilfe e. V. (DUH)

Dazu kommt, dass die Stromproduktion in Kohlekraftwerken im Lauf der letzten Jahre noch billiger
geworden ist, weil der europäische Emissionshan-
del nicht mehr richtig funktioniert. Dieser war eigentlich ein guter Ansatz, um die europäischen Klimaschutzziele zu erreichen: Unternehmen brauchen dabei für jede Tonne des Treibhausgases Kohlendioxid
(CO_2), die sie ausstoßen wollen, ein Zertifikat. Diese
Verschmutzungsrechte sind limitiert. Sie werden teils
versteigert, teils kostenlos ausgegeben. Anschließend
können sie zwischen den Unternehmen gehandelt
werden. Ein hoher CO_2-Ausstoß wird damit finanziell
bestraft, während Einsparungen belohnt werden.
Vor allem aufgrund der Finanzkrise, die die europäische Wirtschaft im Jahr 2009 stark einbrechen ließ,
sind jedoch zu viele CO_2-Zertifikate auf dem Markt.

35

Infolgedessen sind die Zertifikatspreise massiv eingebrochen. Während der Ausstoß einer Tonne CO_2 im Jahr 2008 noch 30 Euro kostete, zahlten Unternehmen 2013 nur noch knappe 5 Euro für ein Zertifikat (Abbildung 7). Im Interesse der Industrie, die von den niedrigen Preisen stark profitiert, schreckt die europäische Politik jedoch davor zurück, überschüssige CO_2-Zertifikate dauerhaft vom Markt zu nehmen, um die Preise wieder zu stabilisieren. Darum hat sich der CO_2-intensive Betrieb von Kohlekraftwerken deutlich verbilligt: Eine Kilowattstunde Kohlestrom kostet derzeit allein aufgrund des gesunkenen Zertifikatspreises in der Erzeugung über 2 Cent weniger als vor fünf Jahren.

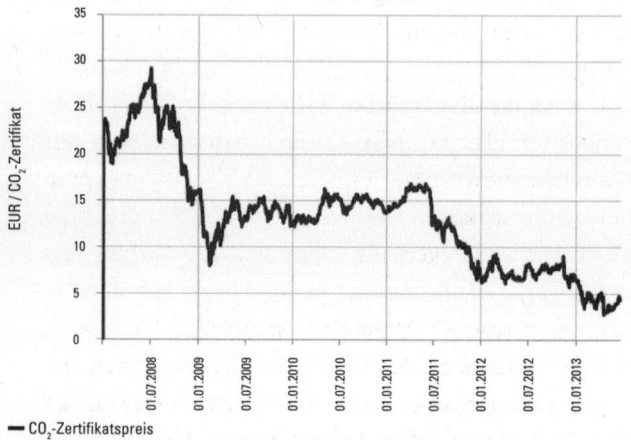

Abbildung 7: Entwicklung des CO_2-Zertifikatspreises seit 2008

Quelle: Energy Brainpool, Daten: EEX

Wie stark ein Stromversorger aufgrund dieser Entwicklungen von den sinkenden Börsenpreisen profitiert, hängt von seiner jeweiligen Strategie ab. Wer seinen Strom sehr langfristig und zu vielen verschiedenen Terminen kauft, ist vor plötzlichen Preissteigerungen geschützt, profitiert aber auch weniger von Senkungen. Wer kurzfristig einkauft, trägt ein höheres Risiko, kann dafür aber bei Preisrückgängen mehr sparen. Das Beratungsunternehmen Energy Brainpool hat die Auswirkungen der Börsenpreisentwicklung auf verschiedene Beschaffungsstrategien analysiert und kam zu folgendem Schluss: In allen Fällen sank der Einkaufspreis von 2009 bis 2014 deutlich – bei einer auf Sicherheit bedachten Strategie um etwa einen Cent pro Kilowattstunde, bei einer mittleren Strategie um 2 Cent und bei risikofreudigem Einkauf sogar um fast 3 Cent.[2]

Die Stromkunden spüren von den gesunkenen Börsenpreisen aber nur wenig. Denn offenbar ist es für viele Energieversorger verlockender, sich die Profite aus den gesunkenen Beschaffungskosten in die eigene Tasche zu stecken, als sie an die Verbraucher weiterzugeben.

Vor allem jene 37 Prozent der deutschen Haushalte, die nach Angaben der Bundesnetzagentur noch nie ihren Stromanbieter oder Tarif gewechselt haben und sich demzufolge in der teuren Grundversorgung befinden, werden abkassiert. Eine Erhebung der Verbraucherzentrale Nordrhein-Westfalen ergab, dass fast jeder zweite Grundversorger des Bundeslandes zum Jahreswechsel 2012/2013 oder in den Monaten danach die gestiegenen Kosten für die EEG-Umlage in vollem Umfang an seine Kunden weitergegeben hat, anstatt sie mit den Ersparnissen aus dem billigeren Stromeinkauf zu verrechnen. Einige waren sogar so dreist, den Verbrauchern noch einen zusätzlichen Aufschlag in Rechnung zu stellen.[3] Auch ein Wechsel in einen anderen Tarif des Grundversorgers nutzt nach Erhebungen der Bundesnetzagentur nicht viel gegen diese Abzocke. Nur wer tatsächlich zu einem neuen Anbieter wechselt, hat die Chance, von den sinkenden Börsenpreisen in größerem Umfang zu profitieren.

Wie gegenläufig sich die Einkaufs- und Verkaufskosten beim Strom entwickeln, zeigen auch Zahlen des Statistischen Bundesamtes: Von September 2012 bis September 2013 sanken die Bezugspreise der Stromversorger um 12 Prozent. Die Strompreise für Privathaushalte stiegen im gleichen Zeitraum hingegen um satte 10,5 Prozent.

Treue Kunden zahlen zu viel

In einer detaillierten Analyse schätzt Energy Brainpool erstmals den finanziellen Schaden, der den Kunden dadurch entsteht, dass niedrigere Einkaufspreise nicht weitergegeben werden. Unter Berücksichtigung der gesunkenen Beschaffungskosten und unter der Annahme, dass die Kosten für den Vertrieb im

Rahmen der allgemeinen Inflationsrate gestiegen sind, ergibt sich demnach, dass die Stromversorger ihre Gewinnmarge von 2009 bis 2013 um 70 bis 80 Prozent steigern konnten. In absoluten Zahlen bedeutet das, dass Kunden in der Grundversorgung pro Kilowattstunde mindestens einen Cent zu viel bezahlen. Pro Haushalt sind das immerhin 40 Euro im Jahr. Hochgerechnet auf alle Haushalte in der Grundversorgung, bereichern sich die Stromkonzerne um über eine halbe Milliarde Euro im Jahr an ihren Kunden.

Zum Jahreswechsel 2013/2014 ging diese Abzocke bei vielen Anbietern weiter. Alle staatlichen Umlagen zusammen erhöhten sich zu diesem Zeitpunkt inklusive Steuern um 0,94 Cent pro Kilowattstunde. Dazu kamen Veränderungen bei den Netzgebühren, die im Schnitt leicht zurückgingen, aber regional stark variierten. Den Rückgang der Beschaffungskosten für Strom schätzt Energy Brainpool von 2013 zu 2014 auf mindestens 0,6 Cent brutto. Insgesamt dürften die Preise im Normalfall darum – wenn überhaupt – um maximal einen drittel Cent steigen.

Dennoch langte ein großer Teil der Versorger zum Jahreswechsel erneut zu. Auch die Stadtwerke Solingen erhöhten die Preise trotz ihrer ordentlichen Gewinne, gaben aber immerhin noch einen Teil der sinkenden Einkaufspreise weiter. Andere waren hingegen deutlich dreister.

Im schönen Schwabenland, eigentlich für seine Sparsamkeit und Genauigkeit bekannt, verlangten etwa die Stadtwerke Pfullendorf von ihren 6000 Kunden gleich 1,71 Cent mehr pro Kilowattstunde. Als Grund musste auch hier die Energiewende herhalten. Doch wie überall sonst sind die staatlich festgelegten Umlagen auch in Pfullendorf zum Jahreswechsel um weniger als 1 Cent gestiegen. Auch die regional unterschiedlichen Netzentgelte, die in einigen anderen Orten tatsächlich ein Grund für deutliche Erhöhungen waren, stiegen in Pfullendorf nur minimal um 0,1 Cent. Und der Strom, der fast zur Hälfte aus Kohle stammt, wird von den Stadtwerken Pfullendorf komplett eingekauft, so dass sich die von Energy Brainpool berechneten Kostensenkungen von mindestens 0,6 Cent hier voll niederschlagen müssten. Geschäftsführer Jörg-Arne Bias begründete den gewaltigen Anstieg auf Nachfrage dennoch mit »gestiegenen Bezugspreisen« und »höheren Netzentgelten« – und wetterte zur Ablenkung gegen die »Planwirtschaft im Strommarkt, die der DDR die Schamesröte ins Gesicht treiben würde«. An den Tatsachen ändert das jedoch nichts: Die Stadtwerke Pfullendorf dürften im Jahr 2014 pro Kilowattstunde mindestens einen Cent mehr am Stromverkauf verdienen als im Vorjahr.

So dreist waren zuletzt nur wenige Anbieter. Doch im Schatten der Energiewende noch ein bisschen mehr aufzuschlagen als notwendig – dieser Versuchung konnten viele Versorger nicht widerstehen. Es mag sein, dass diese zusätzlichen Gewinne für gute Dinge verwendet werden – viele Stadtwerke betreiben defizitäre Schwimmbäder und Verkehrsbetriebe oder sponsern örtliche Sportvereine. Doch eins ist klar: Mit dem Ausbau der erneuerbaren Energien haben solche Preiserhöhungen wenig zu tun.

Die Stadtwerke in Pfullendorf versorgen übrigens trotz ihrer deftigen Preise noch 95 Prozent der örtlichen Haushalte. Solange die Wechselbereitschaft in Deutschland so gering bleibt, haben die Anbieter wenig zu befürchten: Der zusätzliche Gewinn aus einer Preiserhöhung ist im Zweifel immer größer als der Verlust durch die wenigen Kundinnen und Kunden, die deswegen zu einem anderen Anbieter wechseln.

Auch Wechslern droht Gefahr

Doch auch der Wechsel zu einem anderen Lieferanten schützt nicht automatisch vor Abzocke. Sylvia Franke und Thomas Müller (Namen geändert), ein kinderloses Paar aus Düsseldorf, wollten alles richtig machen. In einem Vergleichsportal im Internet suchten sie im Sommer 2012 nach dem günstigsten Anbieter – und landeten beim Discounter Stromio, der mit 24,86 Cent pro Kilowattstunde und ohne Grundgebühr einen unschlagbar billigen Tarif bot. Alles lief nach Plan: Der neue Anbieter gratulierte zur Entscheidung, regelte alle Formalitäten und kassierte ab Oktober 2012 für den Jahresverbrauch von 2800 Kilowattstunden günstige 58 Euro im Monat von Sylvia und Thomas.

Ein Jahr später – genau nach Ablauf der zugesagten

Preisgarantie – kam wieder ein freundlicher Brief, in dem dem Paar mitgeteilt wurde, dass Stromio leider gezwungen sei, die – natürlich – durch die Energiewende verursachten Mehrkosten »zumindest teilweise an unsere Kunden weiterzugeben«. Allerdings könne man »weiterhin attraktive Konditionen« bieten – nämlich 31,24 Cent pro Kilowattstunde. »Attraktiv« war das allerdings definitiv nur für Stromio. Für Sylvia und Thomas bedeutete es hingegen einen Preisanstieg von vollen 25 Prozent. Anstatt im günstigsten Tarif waren sie plötzlich in einem der teuersten, die bundesweit zu finden sind.

Damit der gewaltige Preisanstieg nicht auffällt, verzichtete Stromio in seinem Anschreiben darauf, den bisherigen Preis oder die Höhe des Anstiegs zu nennen. Eine Einordnung war damit unmöglich, sofern man nicht den alten Vertrag zum Vergleich heraussuchte. Um den Kunden vorzugaukeln, dass sich praktisch nichts ändere, verzichtete Stromio sogar darauf, den monatlichen Abschlag auf die nun eigentlich notwendigen 87 Euro anzuheben, sondern ließ ihn unverändert bei 58 Euro. Durch diesen Trick, den Stromio dreist als »gute Nachrichten« verkaufte, wäre den Kunden der Preisunterschied erst bei der nächsten Verbrauchsabrechnung aufgefallen – und in der Zwischenzeit ein großer Rückstand aufgelaufen, den das Paar hätte ausgleichen müssen. Diese wirklich unverschämte Strategie hat sicher in vielen Fällen Erfolg. Selbst Sylvia und Thomas kündigten dem Discounter nicht sofort – obwohl ein Freund von ihnen, der bei der Verbraucherzentrale arbeitet, die geplante Abzocke bemerkte.

An dieser Stelle bleibt also festzuhalten: Viele Anbieter – ob örtliche Stadtwerke, große Energiekonzerne oder überregionale Discounter – nutzen die angeblichen Kosten des Ökostroms, um ihre Gewinne zu steigern oder Verluste an anderer Stelle auszugleichen. Die Kunden – und das ist das Gemeine an diesem Komplott – werden dabei nicht nur finanziell geschädigt, sondern nebenbei auch noch gegen die Energiewende aufgehetzt. Und damit gegen das Projekt, das langfristig gesehen das beste Mittel gegen steigende Preise ist, aber eben zugleich das Geschäftsmodell vieler konventioneller Energiekonzerne bedroht.

Industrie: Rabatte auf dem Rücken der Verbraucher

Es herrschte eine ziemliche Grabesstimmung bei der Pressekonferenz, die der Verband der Chemischen Industrie am 9. Oktober 2013 im Berliner Regierungsviertel veranstaltete. Drei Herren und eine Dame in dunklen Anzügen präsentierten vor der Hauptstadtpresse eine Studie zur Frage, wie die Energiewende die Wettbewerbsfähigkeit der deutschen Wirtschaft bedroht – und übertrafen einander mit düsteren Prognosen. »Die Energiepreise werden zunehmend zu einem deutlichen Wettbewerbsnachteil für uns«, behauptete Verbandschef Karl-Ludwig Kley – und warnte: »Für eine Reihe von Unternehmen drohen sie zum K.-o.-Kriterium für Investitionen in Deutschland zu werden.« Der Autor der Studie, Ralf Wiegert vom Forschungsinstitut IHS, erklärte, »ein starrer und ineffizient organisierter Energiemarkt mit steigenden Kosten« sei »eine Gefahr für die internationale Wettbewerbsfähigkeit Deutschlands und somit für die deutsche Wirtschaft«. VCI-Hauptgeschäftsführer Utz Tillmann warnte später gar vor der »De-Industrialisierung« des Landes.

Veranstaltungen wie diese gab es vor allem während der Koalitionsverhandlungen zwischen Union und SPD reihenweise. Mal war es der Bundesverband der Deutschen Industrie, der den Untergang derselben an die Wand malte, mal drohte die Wirtschaftsvereinigung Stahl mit Arbeitsplatzabbau und Abwanderung, mal beschwor die von den Metall-Arbeitgebern finanzierte Initiative Neue Soziale Marktwirtschaft mit einem sekundengenauen »EEG-Kostenzähler« die angeblich bedrohte Wettbewerbsfähigkeit der deutschen Industrie. Und viele große Medien beteten die Botschaften an prominenter Stelle eins zu eins nach.

Das Dauerfeuer der immer gleichen Argumente verfolgt ein klares Ziel: Die Industrie will auch weiterhin möglichst wenig für die Energiewende bezahlen. Bisher ist sie davon nämlich in erheblichem Umfang befreit: Im Jahr 2013 entfiel zwar rund die Hälfte des deutschen Stromverbrauchs auf Industriebetriebe. Von der EEG-Umlage in Höhe von 20 Milliarden Euro trug die Industrie aber gerade einmal 6 Milliarden Euro, und damit weniger als ein Drittel.

Der Grund dafür sind umfangreiche Ausnahmen. Schon bei der ersten Überarbeitung des Erneuerbare-Energien-Gesetzes durch die rot-grüne Bundesregierung waren im Jahr 2003 Vergünstigungen festgelegt worden: Unternehmen, die einen besonders hohen Stromverbrauch haben und im internationalen Wettbewerb stehen, wurden von der EEG-Umlage fast vollständig befreit. Und das ist auch durchaus nachvollziehbar: In einem Stahlwerk machen die Strompreise beispielsweise fast die Hälfte der Bruttowertschöpfung aus (also des Werts der hergestellten Produkte abzüglich der eingekauften Vorleistungen). Steigen die Energiekosten in Deutschland deutlich an, während sie jenseits der Grenzen konstant bleiben, wäre die deutsche Stahlindustrie sehr schnell nicht mehr konkurrenzfähig und würde mit ihren Werken ins Ausland abwandern. Zudem gab es eine Ausnahme für den Bahnverkehr, um umweltfreundliche, elektrische Züge und Straßenbahnen im Vergleich zum Auto nicht zu benachteiligen.

Diese zunächst eng begrenzten Ausnahmen wurden jedoch unter dem Druck einflussreicher Lobbyverbände schnell ausgeweitet. Noch unter Rot-Grün wurde die Bedingung gestrichen, dass Unternehmen mit ihren Produkten tatsächlich im internationalen Wettbewerb stehen müssen, um von der Vergünstigung zu profitieren. Oder, mit den Worten der zuständigen Genehmigungsbehörde: »Das EEG geht vereinfachend davon aus, dass Unternehmen aus dem verarbeitenden Gewerbe und dem Bergbau grundsätzlich im internationalen Wettbewerb stehen.« Dadurch ist heute beispielsweise der Abbau von Braunkohle von der Umlage befreit, obwohl Deutschland keinerlei Braunkohle importiert oder exportiert – eine völlig absurde Subvention, die allein dem Energiekonzern Vattenfall knapp 70 Millionen Euro im Jahr erspart.

Später wurde in mehreren Schritten sowohl der für eine Befreiung notwendige absolute Stromverbrauch gesenkt (von 100 Gigawattstunden auf eine Gigawattstunde jährlich) als auch der Anteil, den die Stromkosten an der gesamten Wertschöpfung haben müssen (von 20 auf 14 Prozent). Dank dieser Entwicklung konnten immer mehr Unternehmen Anträge auf Befreiung von der EEG-Umlage stellen.

Zudem wurden die Firmen immer kreativer: Manche lagerten zum Beispiel einen Teil ihres Personals in Leiharbeitsfirmen aus, um die unternehmenseigenen Lohnkosten zu senken und damit den Anteil der Stromkosten über die notwendige Schwelle zu heben; dieser Trick ist etwa bei Schlachthöfen und Fleischverarbeitungsbetrieben beliebt. Andere gliederten energieintensive Prozesse in eigene

Betriebe aus, die dann den Schwellenwert erreichten.

Bis 2013 konnten sogar Unternehmen, die gar nicht zum produzierenden Gewerbe gehören, in den Genuss einer Befreiung kommen, indem sie ihre Energieversorgung formal in ein eigenes Tochterunternehmen verlagerten. So gründete zum Beispiel der Flughafen Stuttgart im Jahr 2008 die »Flughafen Stuttgart Energie GmbH«, die Deutsche Telekom bezog ihren Strom vom Tochterunternehmen »Power and Air Condition Solution Management GmbH«, das Universitätsklinikum Heidelberg gründete den »Klinik-Energieversorgungs-Service« und die Universität Göttingen die »Universitätsenergie Göttingen GmbH«. Alle standen noch bis 2012 auf der Liste der befreiten Firmen. Erst 2013 machte der Gesetzgeber diesem offensichtlichen Missbrauch ein Ende.

Wenn ein Unternehmen den für eine Befreiung notwendigen Anteil des Stromverbrauchs knapp zu verfehlen droht, werden nach Informationen aus der Branche bisweilen auch die Preise manipuliert. Werden Strom und Gas beim gleichen Anbieter bezogen, kann dieser das Gas billiger machen, den Strom dafür teurer.

Und manche Firmen setzen sogar auf absichtliche Verschwendung, um den nötigen Schwellenwert beim Stromverbrauch zu erreichen. Entweder laufen zu diesem Zweck Maschinen einfach weiter, auch wenn sie gerade nichts produzieren. Einige Unternehmen, so berichten Mitarbeiter unter Zusicherung ihrer Anonymität, mieten sogar große Spulen, die Strom in Wärme verwandeln. Solche Lastwiderstände, die auf Lkw-Trailern transportiert werden, dienen eigentlich dazu, Generatoren oder Netze bei maximalem Verbrauch zu testen.

Offen gesprochen wird über solche Praktiken kaum, doch in der Branche sind sie kein Geheimnis. So bestätigte etwa die Politik-Chefin des Stromkonzerns E.ON, Vera Brenzel, beim European Energy Colloquium im September 2013 in Brüssel, manche Unternehmen »vergeuden absichtlich Strom, um den gesetzlichen Grenzwert zu überschreiten, ab dem sie sich von der Umlage befreien lassen können«. Auch das Bundesamt für Wirtschaft und Ausfuhrkontrolle, bei dem die Anträge auf EEG-Ausnahmen eingereicht werden müssen, sieht bei den Unternehmen eine »verstärkte Tendenz« dazu, »bestehende Gestaltungsspielräume (zum Teil auch missbräuchlich) auszunutzen«.

Durch die Aufweichung der gesetzlichen Vergünstigungskriterien und die zunehmende Kreativität der Wirtschaft hat sich die Zahl der befreiten Unternehmen von etwa dreihundert im Jahr 2005 auf rund 2100 im Jahr 2014 versiebenfacht. Weil die später befreiten Unternehmen weniger Strom verbrauchen als die von Anfang an ausgenommenen, stieg die von der EEG-Umlage befreite Strommenge zwar weniger stark an. Doch auch sie erhöhte sich von 2005 bis 2014 um immerhin rund 70 Prozent.

Neben der Befreiung nutzen Unternehmen zunehmend einen weiteren Weg, um sich vor der EEG-Umlage – und den meisten anderen staatlich vorgegebenen Abgaben – zu drücken: Sie produzieren ihren Strom in eigenen Kraftwerken. Oft werden dazu einfach jene Kohle- oder Gaskraftwerke gekauft, aus denen ihr Strom bisher auch schon stammt. Sofern die Elektrizität nicht durchs öffentliche Netz fließt – und das lässt sich gegebenenfalls durch eine neue Leitung schnell erreichen –, fällt schlagartig keine EEG-Umlage mehr an. Rund 16 Prozent des Industriestroms stammen mittlerweile aus solchen unternehmenseigenen Kraftwerken. Allein von 2009 bis 2012 stieg die darin produzierte Strommenge um mehr als 10 Prozent.

Unter diesen oft ungerechtfertigten Vorteilen für einen Teil der Industrie leiden alle anderen Stromkunden. Denn die Vergünstigungen werden nicht etwa über Steuern finanziert, sondern die anfallenden Kosten für den Ökostrom-Ausbau werden schlicht und einfach auf die verbleibenden Kilowattstunden umgelegt. Jede Vergünstigung für die Industrie macht den Strompreis damit für private Verbraucher, Gewerbetreibende und nicht von der EEG-Umlage befreite Betriebe entsprechend teurer.
Rein rechnerisch würde die EEG-Umlage im Jahr 2014 anstatt bei 6,2 Cent pro Kilowattstunde bei nur 4,3 Cent liegen, wenn es keinerlei Ausnahmen für die Industrie gäbe. Ein durchschnittlicher Haushalt

mit einem Verbrauch von 3500 Kilowattstunden würde dadurch inklusive Steuern etwa 75 Euro im Jahr sparen.

Dieser Wert ist allerdings eher theoretisch, denn wenn die wirklich energieintensiven Unternehmen wegen der zusätzlichen Belastung ihre Produktion aus Deutschland verlagern würden, entfiele ja auch der damit verbundene Stromverbrauch. Die Strommenge, auf die die EEG-Kosten umgelegt werden, würde darum nicht im gleichen Ausmaß steigen, in dem die Ausnahmen gestrichen werden.

Die Ausnahmen komplett zu streichen, verlangt aber auch keiner der relevanten politischen Akteure. Realistischer erscheint eine Rückführung auf den Stand von 2008, wie sie etwa die Bundestagsfraktion der Grünen fordert. Weil die befreiten Betriebe von den durch das EEG verursachten sinkenden Börsenpreisen profitieren, fordern die Grünen zudem einen Mindest-EEG-Satz von einem Cent pro Kilowattstunde. Zusammen würden diese beiden Maßnahmen nach Berechnungen des Instituts für Zukunftsenergiesysteme die EEG-Umlage um etwa einen halben Cent senken, was die jährliche Stromrechnung eines Durchschnittshaushalts um 21 Euro brutto reduzieren würde.[4]

Eine noch stärkere Entlastung würde sich nach einer Berechnung des Forums Ökologisch-Soziale Marktwirtschaft ergeben, wenn nicht mehr komplette Unternehmen von der Umlage befreit würden, sondern nur die jeweils energieintensiven Prozesse.[5] In Kombination mit einer Mindest-Umlage von knapp einem Cent für alle Unternehmen würde dies zu einer Senkung der EEG-Umlage von 1,6 Cent führen, was für einen Durchschnittshaushalt eine jährliche Ersparnis von 67 Euro brutto bedeuten würde.

Entlastet werden Unternehmen aber nicht nur bei der EEG-Umlage. Auch die Stromsteuer wird ihnen weitgehend erlassen, häufig auch die Konzessionsabgabe, die an die Kommunen fließt. Und bei den Gebühren, mit denen die Netze ausgebaut und unterhalten werden, gibt es für viele Unternehmen ebenfalls erhebliche Rabatte. In der Summe führten diese Vergünstigungen dazu, dass energieintensive Unternehmen in der höchsten Kategorie 2013 weniger als 10 Cent pro Kilowattstunde bezahlten – und damit etwa ein Drittel dessen, was einem Privathaushalt berechnet wurde.

Zwar sind die Strompreise in den vergangenen Jahren auch für die Industrie gestiegen. Allerdings war die Kostensteigerung hier mit rund 17 Prozent seit 2007 deutlich geringer als bei den Privathaushalten.

Zu den klaren Gewinnern gehören dabei die energieintensiven Unternehmen. Denn in den Jahren 2010 und 2011 sanken ihre Strompreise aufgrund der niedrigeren Börsenpreise und der Befreiung von den meisten Abgaben sogar. Und auch 2013 durften sie sich über unverändert niedrige Tarife freuen. Das blieb nicht ohne Folgen: So konnte zum Beispiel die Aluminiumhütte des norwegischen Hydro-Konzerns – ein Musterbeispiel für einen energieintensiven Betrieb – ihre vorübergehend reduzierte Produktion in Neuss im Jahr 2013 wieder verdreifachen. In den benachbarten Niederlanden hingegen meldete die Aluhütte Adel Ende 2013 Insolvenz an – mit Verweis auf die niedrigen Industrie-Strompreise in Deutschland.

Ungünstiger war die Entwicklung für die nichtprivilegierte Industrie, die wie die Privathaushalte die stark steigende EEG-Umlage in vollem Umfang zahlen musste: Hier stieg der Preis nach Angaben des BDEW von 2007 bis 2013 um gut 30 Prozent auf 13,34 Cent pro Kilowattstunde. Die Auswirkungen blieben jedoch für die meisten Unternehmen sehr begrenzt. Zum einen stiegen die Industrie-Strompreise im Rest der EU noch deutlich stärker an – wenn auch auf niedrigerem Niveau. Zum anderen machen die Strom-Ausgaben eines deutschen Unternehmens nur 1,5 Prozent der Gesamtkosten und 5 Prozent der Bruttowertschöpfung aus.[6]

Dass es um die Wettbewerbsfähigkeit der deutschen Industrie trotz im Schnitt durchaus gestiegener und im internationalen Vergleich tatsächlich hoher Energiepreise so schlecht nicht bestellt sein kann, zeigt auch die deutsche Außenhandelsbilanz. Sie stieg im Jahr 2013 auf einen neuen Rekordstand. Und die Energiewende wird daran auch nichts ändern.

Das musste am Ende sogar der Verband der Chemischen Industrie einräumen, der auf seiner Pressekonferenz eigentlich vor dem Untergang der deutschen Wirtschaft warnen wollte. Die vorgestellte Studie widersprach diesem Szenario in ihren zentralen Aussagen nämlich diametral. Selbst wenn alle Vergünstigungen für die Industrie gestrichen würden (was niemand fordert) und der Ausbau der erneuerbaren Energien schneller liefe, als in den optimistischsten Szenarien geplant, würde der durchschnittliche Strompreis für die Industrie aufgrund der sinkenden Börsenpreise in den nächsten fünf Jahren zurückgehen, anschließend einige Jahre lang deutlich langsamer steigen als in den letzten fünf Jahren (in denen die deutsche Industrie die wettbewerbsfähigste der Welt wurde), um dann ab dem Jahr 2024 nur noch zu fallen.[7]

Doch diese Fakten dringen in der öffentlichen Debatte kaum durch. So laut ist das Wehklagen der Industrie, in das auch die betroffenen Gewerkschaften unreflektiert einstimmen, dass die meisten Medien das Märchen von der bedrohten deutschen Wettbewerbsfähigkeit gern weiterverbreiten. Auch in der SPD hat jener Flügel, der höhere Gewinne für einige Industriebetriebe für wichtiger hält als faire Strompreise für alle übrigen Verbraucher, mittlerweile die Oberhand gewonnen.

Das zeigte sich, als die Europäische Kommission im Dezember 2013 ein Verfahren gegen Deutschland einleitete. In Brüssel hält man die vielen Ausnahmen für die Industrie nämlich – im Gegensatz zur Regierung in Berlin – für ungerecht und in vielen Fällen unnötig. Doch anstatt die Gelegenheit zu ergreifen, mit der Unterstützung aus Brüssel endlich massiv gegen die Industrie-Geschenke auf Verbraucherkosten vorzugehen, gefiel sich der frisch ernannte sozialdemokratische Energieminister Sigmar Gabriel lieber in der Rolle des entschlossenen Verteidigers der Wirtschaft. Gebetsmühlenhaft wiederholte er deren fragwürdiges Argument: »Wir müssen für die deutsche Industrie die Wettbewerbsfähigkeit erhalten.« Auch im Koalitionsvertrag von Union und SPD findet sich zu den Unternehmens-Ausnahmen nicht mehr als ein unverbindlicher Prüfauftrag.

Die massive Propaganda, mit der die Industrie am Strompreis-Komplott mitwirkt, scheint sich für sie also auszuzahlen.

Der Finanzminister: Strompreis-Profiteur im Hintergrund

Während die Kunden über die steigenden Preise klagen, gibt es – neben den Stromversorgern und der energieintensiven Industrie – einen weiteren Akteur, der davon profitiert: der Finanzminister. Denn neben der Stromsteuer, die seit dem Jahr 2003 konstant bei 2,05 Cent pro Kilowattstunde liegt, kassiert er auf die Stromrechnung auch Mehrwertsteuer. Diese steigt mit dem Strompreis an, denn sie wird prozentual auf alle Bestandteile des Preises erhoben – auch auf die Stromsteuer und alle vorgegebenen Umlagen. Zudem wurde der Mehrwertsteuersatz 2007 von 16 auf 19 Prozent angehoben.

Insgesamt stieg die Mehrwertsteuerbelastung einer Kilowattstunde Strom somit noch stärker als der Strompreis selbst – nämlich von 1,9 Cent im Jahr 2000 auf etwa 4,7 Cent im Jahr 2014. Allein durch den kräftigen Anstieg des Strompreises für Privathaushalte im Jahr 2013 stieg die darauf erhobene Mehrwertsteuer um eine halbe Milliarde Euro an.

Vielfach wird darum kritisiert, dass der Staat sich an den steigenden Strompreisen auch noch massiv bereichert. Das Finanzministerium weist dies jedoch regelmäßig zurück – mit einem durchaus nachvollziehbar erscheinenden Argument: Schließlich geben die Menschen insgesamt nicht mehr Geld aus, wenn der Strompreis steigt, sondern sie sparen die entsprechende Summe an anderer Stelle – und dort wäre ebenfalls Mehrwertsteuer angefallen. Die Steuer werde also nur für etwas anderes erhoben, aber es komme insgesamt nicht mehr Geld in die Kasse.

Dieses Argument stimmt aber nur zum Teil. Denn auf Strom fällt der volle Mehrwertsteuersatz von 19 Prozent an – anders als auf viele andere Dinge des täglichen Bedarfs wie Lebensmittel, Zeitungen, Nahverkehrsfahrkarten oder den Eintritt in Theater, Museen und Schwimmbäder: Darauf werden nur 7 Prozent erhoben. Mieten sind sogar ganz von der Mehrwertsteuer befreit, ebenso sämtliche Ausgaben, die man im Ausland tätigt. Wer also wegen steigender Strompreise sein Zeitungsabonnement kündigt, weniger Bus fährt oder aufs Schwimmbad verzichtet, zahlt auf den entsprechenden Betrag plötzlich zweieinhalb mal so viel Mehrwertsteuer wie zuvor. Wird das Geld bei der Miete oder beim Urlaub jenseits der Grenze eingespart, fällt die Steuer sogar in vollem Umfang zusätzlich an.

Die Wahrheit liegt also in der Mitte: Die steigende Mehrwertsteuer, die wir mit der Stromrechnung bezahlen, landet nicht in vollem Umfang zusätzlich in der Staatskasse, aber zumindest teilweise.

Umgehen ließe sich dieser Effekt, indem auch auf Strom nur der ermäßigte Mehrwertsteuersatz von 7 Prozent erhoben würde. Doch das wäre teuer: Die Steuerausfälle für den Staat lägen bei rund 4 Milliarden Euro im Jahr. Alternativ könnte die Regierung auch die Stromsteuer im gleichen Umfang senken, in dem die Mehrwertsteuer steigt. Damit bliebe die steuerliche Belastung pro Kilowattstunde zumindest konstant. Wenn man das Jahr 2004 zum Maßstab nähme, müsste die Stromsteuer von 2,05 Cent pro Kilowattstunde komplett gestrichen werden, weil die Mehrwertsteuer seitdem um mehr als diese Summe gestiegen ist. Dadurch würde ein Durchschnittshaushalt gut 70 Euro im Jahr sparen. Würde man die zusätzlichen Steuereinnahmen seit 2009 ausgleichen wollen, müsste die Stromsteuer um rund einen Cent sinken, was etwa 35 Euro Ersparnis im Jahr brächte. Doch auch davon will der Finanzminister verständlicherweise nichts wissen. Ebenso wie für die Stromkonzerne und die Industrie gilt auch für ihn: Warum sollte man auf eigene Vorteile verzichten, wenn sich die Kritik ohnehin auf etwas anderes konzentriert – nämlich auf die angeblich unbezahlbare Energiewende?

Bilanz:
Die Wahrheit liegt bei der Hälfte

In der Summe bleibt festzuhalten: Die Umlage nach dem Erneuerbare-Energien-Gesetz belastet einen deutschen Durchschnittshaushalt inklusive Mehrwertsteuer mit 260 Euro pro Jahr, was knapp einem Viertel der Stromrechnung entspricht.

Doch wenn die Stromversorger die durch das EEG gesunkenen Einkaufspreise an die Kunden weitergeben würden, läge die Summe schon 40 Euro niedriger. Eine Reduzierung der Ausnahmen für die Industrie würde – je nach Umfang – weitere 20 bis 65 Euro sparen. Und wenn der Staat die Steuerbelastung pro Kilowattstunde zumindest konstant halten würde, könnte der Betrag um weitere 35 bis 70 Euro sinken. Von den angeblichen 260 Euro für die Energiewende blieben dann nur noch 85 bis 165 Euro übrig.

Aber da all das nicht geschieht, zahlen die deutschen Privathaushalte jedes Jahr zwischen drei und sechs Milliarden Euro zu viel für ihren Strom. Obwohl dieses Geld in den Kassen von Industriebetrieben, Stromversorgern und dem Finanzminister landet, richtet sich der öffentliche Protest fast ausschließlich gegen den vermeintlichen Preistreiber Ökostrom. Das Strompreis-Komplott läuft bisher also für alle Beteiligten nach Plan. Ändern wird sich das nur, wenn die Verbraucher sich gegen diese Abzocke wehren. Und wenn sie erkennen, dass die wahren Kosten von Kohle und Atom um ein Vielfaches höher sind als die der angeblich so teuren erneuerbaren Energien.

DIE WAHREN KOSTEN
VON KOHLE UND ATOM

Wie wir gesehen haben, macht die EEG-Umlage nur die Hälfte des Strompreisanstiegs aus, den private Haushalte seit dem Jahr 2000 tragen mussten. Und wenn mit der Umlage tatsächlich nur die Förderung der erneuerbaren Energien finanziert würde, könnte sie etwa halb so hoch sein wie derzeit.

Trotzdem bleibt festzuhalten: Auch der Ausbau der erneuerbaren Energien trägt momentan zu den steigenden Strompreisen bei. Selbst der Strom, der in neuen Wind- und Solaranlagen produziert wird, ist noch zwei- bis dreimal so teuer wie der Preis, der derzeit an der Strombörse für Strom aus Kohle und Atomkraft bezahlt wird.

Von neuen Äpfeln und alten Birnen

Doch dieser Vergleich sagt nicht die volle Wahrheit. Denn der Kohle- und Atomstrom in Deutschland stammt überwiegend aus alten Kraftwerken. Dort sind die Investitionskosten schon längst erwirtschaftet worden, so dass real nur die Kosten für Brennstoff, Nebenkosten wie Brennelementsteuer und CO_2-Zertifikate sowie Personal anfallen. Ein

Blick auf das Alter des deutschen Kraftwerkparks zeigt, dass das jedoch auf Dauer nicht so bleiben wird: Braunkohlekraftwerke sind in Deutschland im Schnitt 32 Jahre alt, Steinkohlekraftwerke sogar noch älter. Bei einer angenommenen Lebensdauer von 45 Jahren muss also im Lauf der nächsten zehn Jahre etwa die Hälfte der konventionellen Kraftwerke aus Altersgründen vom Netz gehen. Auch die deutschen Atomkraftwerke müssten unabhängig vom politisch beschlossenen Ausstieg in absehbarer Zeit abgeschaltet werden: Denn das Alter der verbliebenen Reaktoren liegt zwischen 25 Jahren (Neckarwestheim 2) und 32 Jahren (Grafenrheinfeld). Und länger als 40 Jahre waren weltweit bisher nur wenige Reaktoren am Netz.

Wenn man nicht neue Äpfel mit alten Birnen vergleicht, sondern auch bei konventionellen Kraftwerken die Kosten von neu gebauten Anlagen berücksichtigt, sieht die Rechnung plötzlich ganz anders aus. Nach einer aktuellen Studie des Fraunhofer-Instituts für Solare Energiesysteme liegen die Stromgestehungskosten für ein modernes Steinkohlekraftwerk bei rund 7 bis 8 Cent pro Kilowattstunde – und damit auf dem gleichen Niveau wie eine Windkraftanlage an Land (je nach Standort zwischen 5 und 11 Cent). Auch große Solaranlagen sind mit 8 bis 11 Cent nicht wesentlich teurer.[1] Mit neuen Gaskraftwerken, in denen Strom für 7,5 bis 10 Cent erzeugt wird, können Wind und Sonne noch besser mithalten, wie Abbildung 8 zeigt. Lediglich Kraftwerke,

die die besonders umweltschädliche Braunkohle verfeuern, sind mit 4 bis 5 Cent pro Kilowattstunde
noch etwas günstiger als Windkraftwerke an den
besten Standorten. Neue Atomkraftwerke, die in
Deutschland bislang glücklicherweise keine Option
sind, würden ihren Strom übrigens doppelt bis dreimal so teuer produzieren wie moderne Wind-, Solar-
und Gaskraftwerke – dazu jedoch später mehr.

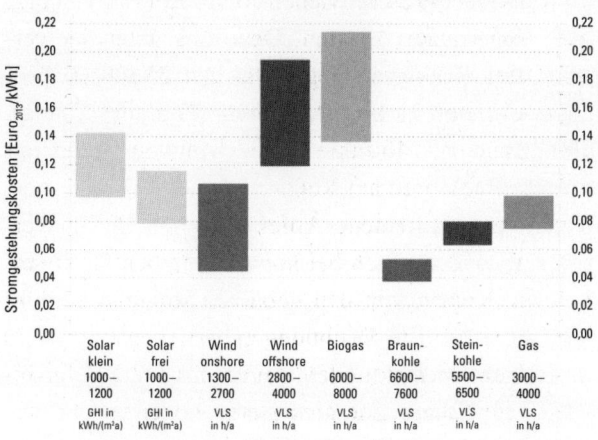

*Abbildung 8: Stromgestehungskosten für erneuerbare Energien
und konventionelle Kraftwerke an Standorten in Deutschland im Jahr
2013*

Quelle: Fraunhofer ISE

Die wachsende Konkurrenzfähigkeit der erneuerbaren Energien wird sich in den nächsten Jahren zudem
noch verstärken. Denn während deren Kosten weiter
sinken – das Fraunhofer-Institut geht zum Beispiel

für die günstigsten Solar-Standorte im Jahr 2020 von 6,5 Cent pro Kilowattstunde aus –, werden konventionelle Kraftwerke umso teurer, je später sie gebaut werden. Denn sowohl die benötigten CO_2-Zertifikate als auch die knapper werdenden fossilen Brennstoffe werden nach Einschätzung des Fraunhofer-Instituts deutlich teurer.

Da die Sonne nicht immer scheint und der Wind nicht immer weht, wird der Bau von preiswerten Wind- und Solaranlagen allein allerdings nicht ausreichen, um eine dauerhafte Stromversorgung sicherzustellen. Von den erneuerbaren Energien können nämlich nur Wasserkraft und Biomasse jederzeit Strom produzieren. Langfristig werden also entweder Speicher für den Ökostrom notwendig sein. Oder man braucht konventionelle Ersatzkraftwerke, die einspringen können, wenn Sonne und Wind fehlen.

Zudem erfordert der Umstieg auf Erneuerbare einen stärkeren Ausbau der Stromnetze als ein reiner Ersatz von bestehenden Großkraftwerken. Diese Kosten für Netze, Speicher und Reservekapazitäten steigen mit zunehmendem Ausbau der Erneuerbaren an. Wie hoch sie sein werden, ist in der Wissenschaft wegen vieler Unsicherheiten umstritten. Die Forschungsstelle für Energiewirtschaft schätzte sie für das Jahr 2020 auf 3 Cent pro Kilowattstunde, was den Effekt der sinkenden Kosten der Erneuerbaren weitgehend aufheben würde. Der Sachverständigenrat, der die Bundesregierung in Umweltfragen berät, geht hingegen davon aus, dass es auch langfristig weniger als einen Cent pro Kilowattstunde kosten würde, den gesamten Strom aus erneuerbaren Energien für den Fall von Dunkelheit und Windstille mit Gaskraftwerken abzusichern.[2]

Ökostrom stärkt die heimische Wirtschaft

Ein weiterer erheblicher Unterschied zwischen erneuerbaren und konventionellen Energien, der in der öffentlichen Debatte kaum eine Rolle spielt, sind die volkswirtschaftlichen Folgen der jeweiligen Investitionen. Für den einzelnen Stromkunden mag es, oberflächlich betrachtet, egal sein, ob er mit seiner Rechnung das Verfeuern von Steinkohle oder die Herstellung und Installation eines Solarmoduls finanziert. Für die Wirtschaft insgesamt – und damit auch für die öffentlichen Haushalte – ist es das aber keineswegs.

Bei fossilen Kraftwerken geht etwa die Hälfte der Stromkosten für den Brennstoff drauf. Lediglich die besonders umweltschädliche Braunkohle stammt dabei aus Deutschland. Steinkohle wird derzeit hingegen zu 70 Prozent importiert; wenn 2018 die letzten Zechen schließen, werden es 100 Prozent sein. Und auch Erdgas stammt etwa zu 90 Prozent aus dem Ausland. Diese Ausgaben für importierte Rohstoffe haben jedoch keinerlei positiven Effekt auf Konjunktur, Beschäftigung und Steuereinnahmen in Deutschland.

Ganz anders ist die Situation bei Wind-, Solar- und Biomasse-Kraftwerken: Deren Komponenten werden – trotz zuletzt deutlicher Arbeitsplatzverluste in der Solarindustrie – weiterhin zu einem großen Teil in Deutschland hergestellt oder weiterverarbeitet. Zudem entfällt nur etwa die Hälfte der Wertschöpfung auf die Produktion der Anlagen. Die andere Hälfte entsteht durch die Planung, den Handel, die Installation sowie den Betrieb und die Wartung der Kraftwerke. Alle diese Tätigkeiten finden direkt vor Ort statt und stärken damit die kommunale Wirtschaft: Sie schaffen neue Arbeitsplätze, die Kaufkraft, Einkommensteuer und Sozialabgaben erhöhen, und sorgen für Gewinne, die neue Investitionen oder steigende Gewerbe- und Kapitalertragsteuern zur Folge haben.

Die gesamte inländische Wertschöpfung durch Strom aus erneuerbaren Energien lag nach Berechnungen des Instituts für ökologische Wirtschaftsforschung im Jahr 2012 bei über 13 Milliarden Euro.[3] Von den Vergütungen für erneuerbare Energien, die 2012 rund 20 Milliarden Euro ausmachten, flossen demnach zwei Drittel unmittelbar zurück in den heimischen Wirtschaftskreislauf – und davon wiederum landeten am Ende etwa 40 Prozent als Steuern und Sozialabgaben in den öffentlichen Kassen.

Allein im Jahr 2010 waren nach Angaben des Bundesumweltministeriums etwa 370 000 Menschen im Sektor der erneuerbaren Energien beschäftigt. Im Vergleich zu einem Szenario ohne Nutzung erneuerbarer Energien ergibt sich ein Plus von 80 000 Arbeitsplätzen. Diese Zahl wird zwar nach Einschätzung des Ministeriums aufgrund des Rückgangs im Solar-Bereich in Zukunft zunächst sinken, ab 2025 jedoch wieder stark ansteigen.

Top secret: Auch Kohle und Atom werden subventioniert

Es waren interessante Zahlen, die die Mitarbeiter von EU-Energiekommissar Günther Oettinger im Herbst 2013 zusammengetragen hatten. Im Entwurf für ein Grundsatzpapier zur europäischen Energiepolitik listeten sie die Summen auf, mit denen die Stromerzeugung in den EU-Mitgliedstaaten unterstützt wird. Im Jahr 2011 flossen demnach 30 Milliarden Euro in erneuerbare Energien. Mit 26 Milliarden Euro gab es jedoch fast genau so viele Subventionen für die Stromerzeugung aus Kohle und Gas. Und das meiste Staatsgeld ging mit 35 Milliarden Euro für Atomstrom drauf. Das war dem traditionell kohle- und atomfreundlichen deutschen EU-Kommissar dann doch zu viel der Ehrlichkeit: Als das Papier der Kommission im November veröffentlicht wurde, fehlten diese Zahlen komplett.

Weil aber offenbar nicht alle Beteiligten mit dieser Zensur einverstanden waren, fanden auch die ersten Entwürfe ihren Weg in die Öffentlichkeit – und bestätigten damit, worauf Umweltverbände schon lange hinweisen: Nicht nur die erneuerbaren Energien profitieren von staatlich geregelten finanziellen Vorzügen. Auch in Deutschland wurde und wird die Stromerzeugung aus Kohle und Atom durch viele unterschiedliche Subventionen und Steuervergünstigungen vom Staat gefördert. Im Gegensatz zur EEG-Umlage tauchen diese aber nicht auf der Stromrechnung auf – und spielen darum im Bewusstsein der Kunden und in der öffentlichen Debatte keine Rolle.

Dabei ist der Umfang dieser staatlichen Unterstützung tatsächlich beachtlich: Finanzhilfen für Kohle umfassen die Forschung zu Bergbautechnik und Kraftwerken, direkte Absatzbeihilfen sowie Zuschüsse für Sozialpläne, Modernisierungen und Stilllegungen. Steuerliche Vorteile gibt es bei der Energiesteuer und durch die Befreiung von Förder- und Wasserabgaben. Ebenso bei der Atomkraft: Auch hier flossen Forschungsgelder in zweistelliger Milliardenhöhe sowie Steuervergünstigungen bei der Energiesteuer und den Rückstellungen für Rückbau und Endlagerung.

Das Forum Ökologisch-Soziale Marktwirtschaft hat für den Zeitraum von 1970 bis 2012 ausgerechnet, wie hoch die staatliche Förderung pro Kilowattstunde Strom in Deutschland war.[4] Bei Steinkohle machten die Subventionen 3,3 Cent aus, bei Braunkohle 1,3 Cent und bei Atomenergie sogar 4,0 Cent. Gäbe es an diesem Punkt eine Gleichbehandlung zwischen erneuerbaren und konventionellen Energien, indem die Kosten entweder konsequent bei beiden auf den Strompreis umgelegt oder aber aus Steuermitteln bezahlt würden, hätte sich der Kostenunterschied also schon längst nivelliert.

Staublungen und Flutwellen: Die größten Kosten fehlen auf der Stromrechnung

Noch klarer wird der finanzielle Vorteil der Erneuerbaren, wenn man die indirekten Kosten für Umweltschäden miteinbezieht, die von der Allgemeinheit getragen werden müssen.

In manchen Regionen Deutschlands sind diese nicht zu übersehen: Im größten deutschen Tagebau bei Hambach mitten im rheinischen Braunkohlerevier pflügen 200 Meter lange Bagger mit riesigen Schaufelrädern die komplette Landschaft um. Um die Braunkohle aus bis zu 450 Metern Tiefe zu holen, wird dort ein Gebiet in der Größe von 5000 Fußballfeldern geopfert. Ganze Dörfer müssen weichen, Tausende Menschen ihr Zuhause den gefräßigen Baggerschaufeln überlassen. Vielerorts wird der Grundwasserspiegel um mehrere hundert Meter abgesenkt. Vergleichbare Tagebaue gibt es auch im Osten

Deutschlands, in der Lausitz und rund um Leipzig. Die Szenerie ist immer ähnlich: tief greifende Landschaftszerstörung, massive Staubbelastung und großflächige Abraumhalden, aus denen Eisenoxid ins Wasser sickert, umliegende Flüsse und Seen braun färbt und die Lebewesen bedroht.

Doch nicht alle Schäden durch die Kohlenutzung fallen so direkt ins Auge. Dazu gehören Gesundheitsschäden, wie Lungen- und Herz-Kreislauf-Erkrankungen, die durch Feinstaub ausgelöst werden, aber auch Ernteverluste in der Landwirtschaft und Gebäudeschäden, die durch Luftschadstoffe verursacht werden. Die materiellen Schäden sind dabei recht klar zu beziffern. Doch auch um verminderte Lebensqualität, Krankheiten und verlorene Lebensjahre finanziell abzubilden, gibt es inzwischen gute Modelle. Sie orientieren sich daran, was es der Gesellschaft in anderen Bereichen wert ist, entsprechende Risiken zu vermeiden.

Nach langen fachlichen Diskussionen und der Auswertung unterschiedlicher Ansätze und Studien hat das staatliche Umweltbundesamt kürzlich eine aktualisierte Abschätzung veröffentlicht, welche Schäden durch die Luftverschmutzung bei der Stromerzeugung entstehen. Dies sind bei Braunkohlekraftwerken 2 Cent pro Kilowattstunde, bei Steinkohle etwa 1,5 Cent und bei Erdgas etwa 1 Cent (siehe Abbildung 9).[5]

Anders ist das Bild bei der Nutzung erneuerbarer

Energien: Bei Solar-, Wind und Wasserkraftwerken ist der eigentliche Betrieb praktisch emissionsfrei; Luftschadstoffe entstehen nur bei der Produktion der Kraftwerke. Bei Wasser und Wind sind die dadurch verursachten Schäden minimal, bei den mit mehr Aufwand produzierten Solarzellen liegen sie mit 0,5 Cent pro Kilowattstunde bei etwa einem Drittel des Werts

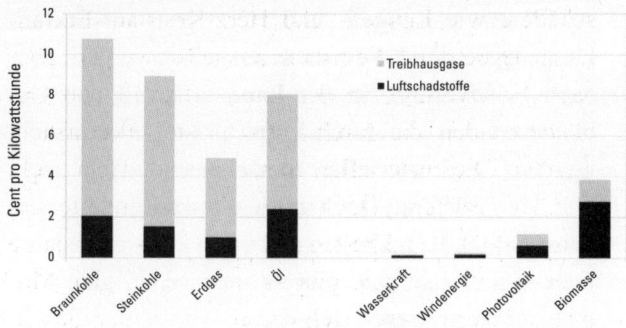

Abbildung 9: Umweltkosten der Stromerzeugung in unterschiedlichen deutschen Kraftwerken in Cent/Kilowattstunde

Quelle: Umweltbundesamt / Fraunhofer-Institut
für System- und Innovationsforschung

eines Steinkohlekraftwerks. Lediglich Biomasse hat einen Wert, der sogar höher liegt als bei konventionellen Kraftwerken, weil gerade kleinere Anlagen in der Vergangenheit hohe Emissionswerte hatten.

Deutlich schwieriger zu beziffern sind die Schäden, die durch den Ausstoß von Treibhausgasen verursacht werden. Komplette Inselstaaten im Pazifik drohen zu versinken, Wirbelstürme, Überschwemmungen und Dürren nehmen in vielen Teilen der Welt dramatisch zu. Auch Deutschland leidet häufiger als früher unter Hitzewellen, und innerhalb von fünfzehn Jahren erlebte das Land gleich drei Überschwemmungen, die von Meteorologen als »Jahrhundert-Hochwasser« bezeichnet werden, weil sie in diesem Ausmaß statistisch bisher nur einmal in hundert Jahren vorkamen. Auch wenn von einzelnen Extremwetter-Ereignissen nicht unmittelbar auf den Klimawandel geschlossen werden kann, sind sich die Wissenschaftler weltweit doch über dessen Konsequenzen einig: Mit der zunehmenden Erwärmung der Erde nehmen Dürreperioden und Starkregen zu. Unstrittig ist auch der steigende Meeresspiegel, der hierzulande bisher nur höhere Deiche zur Folge hat, anderswo aber zu verheerenden Überschwemmungen führt.

Verursacht wird der Klimawandel durch den Treibhauseffekt. Das Gas Kohlendioxid (CO_2), das beim Verbrennen von Kohle, Öl und Gas zwangsläufig entsteht, wirkt in der Atmosphäre wie ein Gewächshaus: Es lässt die Strahlungsenergie der Sonne durch, hält aber die von der Erde abgestrahlte Wärme zurück. Wenn der CO_2-Gehalt in der Atmosphäre steigt, wird es darum langfristig immer wärmer. Da die Folgen des CO_2-Ausstoßes erst mit großer zeitlicher Verzögerung wahrnehmbar sind und zudem nicht immer dort auftreten, wo sie verursacht wurden, ist es nicht leicht, die materiellen Schäden der Emissionen zu berechnen. Das Umweltbundesamt hält einen Schaden von 82 Euro pro Tonne Kohlendioxid für realistisch.

Damit steigen die realen gesellschaftlichen Kosten von Strom aus konventionellen Kraftwerken dramatisch an (siehe Abbildung 9). Da Braunkohlekraftwerke das meiste CO_2 ausstoßen, liegen die Klimaschäden pro Kilowattstunde hier bei knapp 9 Cent. Bei Steinkohle-Kraftwerken sind es gut 7 Cent und bei Erdgas rund 4 Cent. Bei den erneuerbaren Energien sind sie Klimaschäden – wiederum mit Ausnahme von Biomasse – hingegen komplett zu vernachlässigen.

Die hohen Schäden durch den Klimawandel schlagen sich bei fossilen Kraftwerken jedoch nur zu einem sehr kleinen Teil über die derzeit extrem billigen CO_2-Zertifikate im Preis nieder. Schäden aus sonstigen Luftschadstoffen werden überhaupt nicht berücksichtigt, weil sich die Stromsteuer, über die das theoretisch möglich wäre, derzeit nicht am Schadstoffausstoß orientiert, sondern jede Kilowattstunde Strom unabhängig von der Herkunft gleichermaßen belastet wird.

Würden die staatlichen Förderungen für fossile Energieträger und die mit ihnen verbundenen Umweltschäden auf die gleiche Weise an die Stromkunden weitergegeben, wie es bei den erneuerbaren Energien mit der EEG-Umlage geschieht, dann ergäbe sich nach Berechnungen des Forums Ökologisch-Soziale

Marktwirtschaft ein Aufschlag von 10,2 Cent pro Kilowattstunde. Die »Konventionelle-Energien-Umlage« wäre also fast doppelt so hoch wie die »Erneuerbare Energien-Umlage«.

Doch im Gegensatz zur EEG-Umlage, die für jeden Stromkunden transparent auf der Rechnung ausgewiesen wird, zahlen wir für die Förderung der fossilen Energien und die durch sie verursachten Schäden auf viele andere Wege: Die unmittelbar Betroffenen leiden unter Krankheit und verkürztem Leben, unter überfluteten Kellern, blockierten Bahnstrecken und bröckelnden Fassaden. Die gesamte Gesellschaft wird über höhere Steuern, steigende Beiträge für Krankenkassen und Versicherungen oder teurere Lebensmittel an den Kosten beteiligt.

Ein ehrlicher Vergleich der Kosten von Strom aus erneuerbaren und konventionellen Kraftwerken ist dadurch für die meisten Menschen nicht möglich. Auch das ist Teil des Strompreis-Komplotts. Weil nur die Kosten von Ökostrom gesondert ausgewiesen werden, konzentriert sich die öffentliche Debatte allein auf die Energiewende. Wenn die wirklichen Kosten aller Technologien transparent gemacht würden, hätten Kohlekraftwerke keine Chance mehr.

Atomkraft als billige Lösung? Von wegen!

Schwieriger ist die Berechnung der externen Kosten von Atomkraftwerken. Von diesen geht im normalen Betrieb keine Luftverschmutzung aus. Auch Treibhausgase werden nur in geringem Umfang beim Bau der Kraftwerke und dem Abbau der Kernbrennstoffe freigesetzt. Umso höher sind allerdings die Schäden, wenn es zu einem Unfall kommt.

Ein Risiko, das keine Versicherung abdeckt

Deutlich vor Augen geführt wurde das der Menschheit zuletzt am 11. März 2011, als es im japanischen Fukushima zur Kernschmelze kam, weil die Reaktoren nach der Überflutung durch einen Tsunami nicht mehr gekühlt werden konnten. Die Folgen sind verheerend: Über 150 000 Menschen mussten im Zuge der Katastrophe umgesiedelt werden, Lebensmittel und Leitungswasser waren großflächig verseucht. Bis heute ist die Situation an den havarierten Reaktoren nicht unter Kontrolle, noch immer treten große Mengen radioaktives Wasser aus. Und weite Gebiete rund um den Unglücksreaktor werden dauerhaft unbewohnbar sein.

Der finanzielle Schaden aus der Reaktorkatastrophe wird – je nach Quelle – auf 150 bis 400 Milliarden Euro geschätzt. Die Versicherung des japanischen Betreibers Tepco deckte davon nur 1,2 Milliarden Euro ab. Für den größten Anteil der Schäden werden damit die Steuerzahler aufkommen müssen – oder sie werden gar nicht beglichen.

In Deutschland ist die Situation ähnlich: Die Betreiber von Atomkraftwerken haften nur für Schäden bis zu 2,5 Milliarden Euro. Und selbst davon sind nur zehn Prozent über eine echte Versicherung abgedeckt; den Rest wollen alle Betreiber zusammen aus eigenen Mitteln zur Verfügung stellen. Obwohl diese Summe nur einen Bruchteil der möglichen Schäden abdeckt, hält das Deutsche Atomforum als Lobbyverband der Betreiber eine »weitere Aufstockung der Haftungsdeckung« – kaum überraschend – für »nicht erforderlich«. Wie teuer eine Versicherung wäre, die tatsächlich alle Schäden durch einen Atomunfall abdecken würde, ist unbekannt. Die Munich Re als größter deutscher Rückversicherungskonzern hält die Risiken schlicht für nicht versicherbar.

Studien, die die externen Kosten von Atomkraft berechnen, kommen zu sehr unterschiedlichen Werten, weil sowohl die Wahrscheinlichkeit einer Nuklearkatastrophe als auch die mögliche Schadenshöhe extrem umstritten sind. Die Angaben reichen von 0,1 bis 320 Cent pro Kilowattstunde. In den meisten Szenarien wird mit 10 bis 30 Cent gerechnet. Wenn das Risiko korrekt abgebildet würde, wäre Atomkraft damit die teuerste Form der Stromerzeugung.

Hoher Preis für neue Reaktoren

Ohne die Einberechnung der externen Kosten produzieren bestehende, abgeschriebene Atomkraftwerke in Deutschland derzeit mit 2 bis 3 Cent pro Kilowattstunde den preiswertesten Strom. Der Glaube, dass wir für den Ausstieg einen hohen Preis bezahlen und Strom deutlich billiger wäre, wenn wir den vermeintlichen Sonderweg aufgäben und weiterhin auf Atomkraft setzen würden, hält sich bei vielen Menschen darum hartnäckig. Ein Blick ins Ausland hilft jedoch, auch diesen Mythos zu widerlegen.

Zum Beispiel nach Großbritannien: Dort gaben sich die Regierung und der französische Atomkonzern EDF alle Mühe, den Wiedereinstieg in die umstrittene Technik als gute Nachricht zu verkaufen. Als am 21. Oktober 2013 die Einigung über den Bau von zwei neuen Reaktoren in Hinkley Point C vorgestellt wurde, lobten alle Beteiligten den Deal in den höchsten Tönen. Das Projekt markiere »die nächste Generation von Nuklearenergie in Britannien« und leiste damit »einen wesentlichen Beitrag zum künftigen Energiebedarf und der langfristigen Versorgungssicherheit«, sagte Premier David Cameron. EDF-Chairman Henri Proglio stimmte freudig ein und sprach von einer »großen Chance für die französische Atomindustrie in Zusammenhang mit der Erneuerung von Kompetenzen«. Und der britische Energieminister Edward Davey pries die geplanten Reaktoren nicht nur als »saubere, zuverlässige, heimische Stromquelle«. Er behauptete auch: »Dies ist ein exzellenter Deal für Großbritannien und die britischen Verbraucher.«

Dabei beweisen die Zahlen, auf die sich Großbritannien und die EDF im letzten Jahr geeinigt haben, das genaue Gegenteil: Damit die Betreiber bereit waren, die neuen Reaktoren in Hinkley Point zu bauen, musste der britische Staat ihnen für den dort produzierten Strom einen Preis von umgerechnet 10,8 Cent pro Kilowattstunde garantieren, und zwar für 35 Jahre. Die Kosten dafür sollen, ähnlich wie beim Ökostrom in Deutschland, die Verbraucher per Umlage bezahlen.

Der garantierte Preis für den Nuklear-Strom ist damit deutlich höher als die Preise, die mittlerweile für Strom aus Wind und Sonne bezahlt werden müssen. Zur Erinnerung: In Deutschland liegen die Fixpreise für Windstrom an Land derzeit bei 7 bis 9 Cent pro Kilowattstunde, für große Solaranlagen werden mittlerweile weniger als 10 Cent bezahlt. Der Kostenunterschied zwischen Atom- und Ökostrom ist aber noch deutlich größer, als es die Zahlen auf den ersten Blick vermuten lassen – aus mehreren Gründen.

Zum einen werden die britischen Zahlen im Gegensatz zu den deutschen Ökostrom-Vergütungen an die Inflation angepasst. Wenn diese bei zwei Prozent im Jahr liegt, werden aus den verkündeten 10,8 Cent pro Kilowattstunde bis zum Zeitpunkt der erhofften Inbetriebnahme von Hinkley Point C im Jahr 2023 bereits 13 Cent. Zum Ende des 35-jährigen Garantiezeitraums wären es sogar 26 Cent. Die deutschen Ökostrom-Vergütungen werden hingegen nicht an die Inflation angepasst, sondern sie bleiben über den gesamten Zeitraum konstant.

Zum anderen werden die Garantiepreise für Ökostrom in Deutschland maximal 20 Jahre lang bezahlt. In England sollen die Atomkraftwerke hingegen 35 Jahre lang subventioniert werden – was die Kosten für die Allgemeinheit fast verdoppelt. Wenn man die britischen Bedingungen für Atomstrom (35 Jahre mit Inflationsausgleich) auf die deutschen Bedingungen für Wind und Sonne (20 Jahre ohne Inflationsausgleich) umrechnet, dann entsprechen die offiziell verkündeten 10,8 Cent pro Kilowattstunde bei 2 Prozent Inflation plötzlich stattlichen 33,6 Cent.

Selbst im Vergleich zu heute gebauten Wind- und Sonnenkraftwerken ist die Atomkraft also schon dreimal mal so teuer. Auch Windkraft im Meer, die etwa doppelt so viel kostet wie an Land, ist immer noch deutlich billiger als neue AKWs – ebenso wie Gaskraftwerke, die für Zeiten ohne Wind und Sonne als Back-up bereitstehen müssen. Hinzu kommt, dass erneuerbare Energien durch technischen Fortschritt und immer stärkere Massenproduktion in der Vergangenheit permanent billiger geworden sind. Es ist davon auszugehen, dass sich dieser Trend – wenn auch in abgeschwächter Form – in den Jahren bis zur Inbetriebnahme von Hinkley Point fortsetzen wird. Der Preisunterschied zwischen Atomkraft und

Wind- oder Sonnenstrom wird also noch größer werden.

Dennoch behauptete der britische Energieminister: »Dieser Deal ist konkurrenzfähig mit anderen sauberen Großkraftwerken und mit Gas.« Widerspruch gab es im generell wenig atomkraft-kritischen Großbritannien nur vereinzelt, etwa von Greenpeace-Direktor John Sauven, der über das AKW sagt: »Es wird einer ganzen Generation von Verbrauchern höhere Stromrechnungen aufzwingen – über einen Garantiepreis, der fast doppelt so hoch ist wie der gegenwärtige Strompreis. Und es wird die Energiepolitik verzerren, indem es neue, saubere Technologien verdrängt, obwohl diese dramatisch im Preis sinken.«

Noch ist unklar, ob die EU-Kommission den Garantiepreis bewilligt. Normalerweise erlaubt sie derartige Subventionen nur, um einer neuen Technologie den Markteintritt zu ermöglichen. Diese Argumentation dürfte bei der fünfzig Jahre alten Nukleartechnik kaum greifen. Einen generellen Freibrief, Atomkraftwerke mit Fixpreisen zu subventionieren, hatte die EU kürzlich abgelehnt. Stattdessen muss jetzt über jeden Einzelfall gesondert entschieden werden.

Welche Schwierigkeiten die Atomkraft hat, sich angesichts der massiv steigenden Kosten auf dem Markt zu behaupten, zeigt sich auch an den weltweiten Zahlen, die jährlich im World Nucelar Industry Status Report veröffentlicht werden.[6] Das seit Jahren angekündigte Revival der Technik findet weiterhin nicht statt. Während 2012 sechs Reaktoren abgeschaltet wurden, gingen nur drei neue ans Netz. In der ersten Jahreshälfte 2013 ging ein Reaktor in Betrieb, vier wurden stillgelegt. Der Anteil der Atomkraft an der weltweiten Stromerzeugung sank dem Report zufolge ebenfalls. Während 1993 noch 17 Prozent des Stroms aus Atomkraft stammten, liegt dessen Anteil heute bei 10,4 Prozent.

Neubauten gibt es derzeit vor allem in jenen Staaten, die auch ein militärisches Interesse an Atomkraft haben oder in denen die Atomindustrie eine wichtige wirtschaftliche Rolle spielt: China, Russland, Indien, USA und Südkorea. In vielen anderen Ländern, etwa in Osteuropa, stehen angekündigte Neubauten wegen der immensen Kosten auf der Kippe. Als abschreckendes Beispiel dient der Neubau im finnischen Olkiluoto, wo sich die Bauzeit von vier auf mindestens elf Jahre verlängert und die Kosten von 3 auf mindestens 8,5 Milliarden Euro steigen. Die Kostenentwicklung schlägt sich auch in den weltweiten Investitionen nieder: 2012 wurden global 268 Milliarden Dollar in erneuerbare Energien investiert. In Atomkraft floss nicht einmal ein Zehntel dieser Summe.

Die verheerenden Reaktorkatastrophen von Fukushima und Tschernobyl haben in aller Klarheit gezeigt, dass uns Atomenergie letztlich alle teuer zu stehen kommt. Doch selbst wenn man Atomkraft für sicher halten würde und das Endlager-Problem eines Tages gelöst wäre: Ein Mittel gegen hohe Strompreise sind neue Atomkraftwerke definitiv nicht. Im Gegenteil.

WAS WÜRDE WIRKLICH HELFEN –
UND WAS PLANT DIE REGIERUNG?

Kleine Schritte sind offenbar nichts für eine große Koalition. »Es ist die größte Umgestaltung des Erneuerbare-Energien-Gesetzes seit seiner Einführung«, versprach der seinerzeit amtierende Umweltminister Peter Altmaier, als er im November 2013 die Ergebnisse der Koalitionsverhandlungen mit der SPD zum Thema Energie vorstellte. Man habe »klare und mutige Entscheidungen« getroffen, beteuerte auch die nordrhein-westfälische Ministerpräsidentin Hannelore Kraft, die die Verhandlungen für die Sozialdemokraten leitete. Und SPD-Chef Sigmar Gabriel, der als neuer Wirtschafts- und Energieminister künftig für die Energiewende verantwortlich ist, versprach nach seiner Ernennung, dass diese »bezahlbar bleibt« und dass die »Versorgungssicherheit gewährleistet« wird.

In der Tat plant die neue Regierung weitreichende Veränderungen im Energiebereich. Doch davon werden nicht etwa die privaten Verbraucher profitieren, sondern vor allem die großen Stromkonzerne. Auf Maßnahmen, die zu einer realen Strompreissenkung führen würden, wurde nämlich – entgegen aller Versprechen im Wahlprogramm – praktisch komplett verzichtet. Stattdessen soll nun der Umstieg auf erneuerbare Energien massiv verlangsamt werden. Doch weil dabei vor allem die preiswertesten Öko-Kraftwerke ausgebremst werden, wird sich der Kostenanstieg auch in Zukunft nicht verlangsamen. Der neue Koalitionsvertrag bringt damit den finalen Beweis, dass das Kostenargument nur vorgeschoben wird, um die Energiewende im Interesse von Industrie und Stromkonzernen auszubremsen.

Gerechter finanzieren mit Steuern

Der größte Hebel, mit dem die Bundesregierung die Strompreise unmittelbar beeinflussen kann, sind die darauf erhobenen Steuern. Schließlich fließt mit Stromsteuer, Mehrwertsteuer und Konzessionsabgabe mehr als ein Viertel des Strompreises von Privathaushalten direkt in die Staatskasse. Für Steuersenkungen beim Strom gibt es mehrere Konzepte mit unterschiedlichen Argumentationen.

Hilft allen: Stromsteuersenkung
Zum einen könnte die Stromsteuer, die derzeit einheitlich 2,05 Cent pro Kilowattstunde beträgt, dafür genutzt werden, die externen Kosten für Umwelt- und Gesundheitsschäden zumindest teilweise im Preis abzubilden. Dafür müsste Strom aus konventionellen Kraftwerken höher besteuert wird als rege-

nerativ erzeugter Strom. Wenn die Strompreise dabei nicht steigen, sondern sinken sollen, lässt sich das nur erreichen, indem die Stromsteuer auf Ökostrom gesenkt oder besser komplett gestrichen wird. Logisch erscheint dies auch angesichts der Tatsache, dass die Stromsteuer als Teil der sogenannten Ökosteuer-Reform eingeführt wurde. Deren Ziel war es, umweltschädlichen Energieverbrauch zu belasten, um mit den Einnahmen die Rentenkassen zu entlasten. Die Besteuerung von umweltfreundlichem Ökostrom widerspricht dieser Intention komplett.

Beim derzeitigen Anteil erneuerbarer Energie von 25 Prozent würde eine Steuerbefreiung für Ökostrom eine Senkung der Stromsteuer um 0,5 Cent bedeuten. Für einen durchschnittlichen Haushalt würde die jährliche Rechnung damit um 18 Euro sinken. Dadurch würde zumindest der jüngste Strompreisanstieg in etwa ausgeglichen. Mit dieser Forderung ist die SPD in den Bundestagswahlkampf gezogen. In den Koalitionsverhandlungen wurde sie allerdings schnell fallengelassen, weil die damit verbundenen Einnahmeausfälle von rund 1,5 Milliarden Euro nicht gegenfinanziert werden konnten oder sollten.

Andere Parteien fordern eine noch stärkere Senkung der Stromsteuer: Die FDP beispielsweise will sie von den derzeit erhobenen 2,05 Cent pro Kilowattstunde auf den EU-Mindestwert von 0,1 Cent reduzieren. Die Linkspartei fordert eine Absenkung auf 0,5 Cent. Die Steuerausfälle wären entsprechend höher. Doch egal, ob im Gegenzug die Rentenbeiträge erhöht würden oder die Einkommensteuer steigen würde: In jedem Fall würde die Kostenverteilung etwas gerechter ausfallen, da man Geringverdiener nicht mehr überproportional zur Kasse bitten würde, sondern Beiträge oder Steuern in Abhängigkeit vom jeweiligen Einkommen erheben würde.

Hilft Kleinverbrauchern: Stromsteuer-Freibetrag

Noch stärker würde die relative Entlastung von Haushalten mit niedrigem Einkommen ausfallen, wenn die Stromsteuer nicht für den gesamten Verbrauch reduziert würde, sondern nur für eine bestimmte Menge Strom. Das Deutsche Institut für Wirtschaftsforschung etwa schlägt 1000 Kilowattstunden jährlich vor. Auch die Verbraucherzentrale Nordrhein-Westfalen unterstützt entsprechende Vorschläge. Allerdings sind derlei Konzepte nicht unumstritten. Denn wenn eine solche steuerbegünstigte Strommenge pro Haushalt gewährt wird, sind Singles im Vergleich zu Familien deutlich im Vorteil. Den Rabatt pro Person zu gewähren, würde hingegen einen hohen Verwaltungsaufwand und einen verringerten Datenschutz bedeuten, weil dem Stromversorger ein Nachweis über die jeweils aktuelle Zahl der Haushaltsmitglieder vorgelegt werden müsste.

Steuerfonds für EEG-»Altschulden«

Ein weiteres interessantes Konzept zur verstärkten Steuerfinanzierung der Energiewende hat kürzlich der ehemalige CDU-Bundesumweltminister Klaus Töpfer vorgelegt. Er schlägt vor, einen großen Teil der Vergütung für erneuerbare Energien nicht mehr über den Strompreis, sondern über allgemeine Steuern zu finanzieren, und zwar über einen längeren Zeitraum als bisher per Umlage geplant.

Ein großer Teil der heutigen Zahlungen nach dem EEG, so argumentiert Töpfer, geht für Ökostrom-Anlagen aus der Vergangenheit drauf, die zu deutlich höheren Kosten Strom produzieren als moderne Wind- oder Solarkraftwerke. Diese Ausgaben, die »in Wirklichkeit Forschungs- und Entwicklungskosten« sind, sollten nicht mehr über zwanzig Jahre hinweg von den Stromkunden finanziert werden, sondern vielmehr über einen längeren Zeitraum von allen Steuerzahlern getragen werden. Je nachdem, welcher Anteil der EEG-Kosten auf diese Weise ausgelagert würde, könnte die Umlage um mehrere Cent pro Kilowattstunde sinken. In einem Interview schlug Töpfer vor, die Umlage, die derzeit bei 6,2 Cent pro Kilowattstunde liegt, bei 4,5 Cent festzuschreiben.

Neben einer Entschärfung der deutschen Kostendebatte und einer gerechteren Finanzierung der Energiewende hätte dieser Ansatz nach Ansicht von Töpfer einen weiteren, nicht zu unterschätzenden Vorteil: »Dann wird auch im Ausland sofort sichtbar, dass das, was die Deutschen jetzt noch an Sonnen- und Windenergie zubauen, nicht mehr teurer ist als Strom aus neuen fossilen Kraftwerken und viel billiger als Strom aus neuen Atomkraftwerken.« Tatsächlich könnte die deutsche Energiewende dadurch als Vorbild für andere Staaten deutlich attraktiver erscheinen. Denn die Strompreise würden nicht länger durch historische Kosten erhöht, die so in dieser Form heute nirgendwo mehr auflaufen würden.

Unterstützung für Töpfers Vorschlag gab es von so unterschiedlichen Akteuren wie der Verbraucherzentrale und der arbeitgebernahen Initiative Neue Soziale Marktwirtschaft. Dennoch verhallte das »Plädoyer an alle, die jetzt politische Verantwortung tragen« – so der Untertitel von Töpfers Vorschlag – bisher weitgehend ungehört. Lediglich die bayerische Wirtschaftsministerin Ilse Aigner griff kurzzeitig die Idee auf, spätere Generationen an den hohen Startkosten der Energiewende zu beteiligen – wenn auch nicht über Steuern, sondern über den Strompreis. Bei den Koalitionsverhandlungen im Bund, an denen mit Angela Merkel, Sigmar Gabriel und Peter Altmaier drei Nachfolger Töpfers im Amt des Umweltministers führend beteiligt waren, gab es hingegen nicht einmal den Ansatz einer Debatte über seine Vorschläge.

Auch ansonsten spielt die Entlastung der Stromkunden über Veränderungen bei der Strom- oder Mehrwertsteuer in den Plänen der neuen Regierung keinerlei Rolle. Das Versprechen der Union, keinerlei Steuern zu erhöhen, wiegt also stärker als die versprochenen – und dringend benötigten – Entlastungen für die Stromkunden.

Schluss mit den Industrie-Geschenken

Der zweite große Bereich, in dem die Politik eine spürbare Senkung der Verbraucherpreise erreichen könnte, sind die vielen Ausnahmen für die Industrie. Wie wir zuvor gesehen haben, könnte die Ökostrom-Umlage um ein Viertel niedriger sein, wenn die Befreiungen für die energieintensive Industrie wieder an schärfere Bedingungen geknüpft würden und eine Mindest-Umlage für sämtlichen von der Industrie genutzten Strom eingeführt würde.

Angesichts der wachsenden Aufmerksamkeit für die ungerechtfertigten Industrie-Geschenke fanden sich in fast allen Wahlprogrammen entsprechende Forderungen: So hatte die SPD für die »Rückführung der Ausnahmen für energieintensive Unternehmen auf das erforderliche Niveau« plädiert und Einsparungen von immerhin 500 Millionen Euro versprochen. Auch die CDU hatte in ihrem Wahlprogramm nur noch »energieintensive Industrien im Wettbewerb mit ausländischer Konkurrenz« weiterhin entlasten wollen. Die Grünen und die Linken forderten radikale Kürzungen, und selbst die industriefreundliche FDP forderte: »Unternehmen, die nicht im internationalen Wettbewerb stehen, sollen nicht begünstigt werden.«

Im Koalitionsvertrag ist von diesen Forderungen jedoch nichts geblieben. Hier heißt es lediglich, man wolle die Ausnahmeregelungen »erhalten und zukunftsfähig weiterentwickeln«. Diese schwammige Formulierung verhöhnt nicht nur die normalen Stromkunden, die weiterhin für völlig überflüssige Industrie-Privilegien zur Kasse gebeten werden sollen. Sie ist auch ein Affront gegen die Europäische Kommission. Diese hatte bereits im Vorfeld der Bundestagswahl Vorbehalte gegen die weitreichenden Ausnahmen angemeldet. Zu Recht wies die Kommission darauf hin, dass die gewährten Erleichterungen keinerlei sinnvollen Kriterien folgen, ohne jegliche Gegenleistung gewährt werden und obendrein zu erheblichen Wettbewerbsverzerrungen in der deutschen Wirtschaft führen. Nachdem der Koalitionsvertrag keinerlei Besserung in Aussicht stellte, leitete sie noch im Dezember ein offizielles Prüfverfahren gegen Deutschland ein. Dennoch fehlen auch in den ersten Eckpunkten für ein neues EEG-Gesetz von SPD-Minister Sigmar Gabriel im Januar 2014 konkrete Aussagen über eine Verschärfung der Ausnahmekriterien. Was treibt Union und SPD zu dieser scheinbar unsinnigen Konfrontation? Bestenfalls setzt die Regierung darauf, dass sie die von der Industrielobby heftig bekämpften Einschnitte leichter durchsetzen kann, wenn Brüssel im Hintergrund mit noch massiveren Maßnahmen droht. Denkbar ist aber auch, dass die Verweigerung insgeheim einen weitreichenden Angriff auf die Energiewende zum Ziel hat. Wenn Brüssel als Reaktion auf die mangelnde Handlungsbereitschaft in Deutschland die Industrie-Ausnahmen komplett verbieten würde – womöglich gar rückwirkend –, wären tatsächlich viele Arbeitsplätze bedroht. Der Aufschrei bei Wirtschaftsverbänden und den ihnen nahestehenden Medien wäre so groß, dass in dieser Situation plötzlich eine Abschaffung des gesamten Erneuerbare-Energien-Gesetzes samt einem radikalen Ausbaustopp für Ökokraftwerke durchaus denkbar wäre. Zumindest für die Wirtschaftsflügel von Union und SPD wäre das keine unattraktive Option.

Das fragwürdige Arbeitsplatz-Argument

Offiziell begründen die Regierungsparteien ihre große Rücksicht gegenüber der Industrie stets mit der Sorge um deren Wettbewerbsfähigkeit und die damit verbundenen Arbeitsplätze. Doch abgesehen davon, dass ein Großteil der subventionierten Unternehmen überhaupt nicht im internationalen Wettbewerb steht, ist eine derartige finanzielle Unterstützung selbst dann fragwürdig, wenn die Energiekosten tatsächlich die Konkurrenzfähigkeit beeinflussen.

Denn die Annahme, dass hohe Strompreise insgesamt zu Arbeitsplatzverlusten führen, ist alles andere als gesichert. So kam die renommierte Brüsseler

Denkfabrik Bruegel in einer breit angelegten, internationalen Analyse zu einem klaren Ergebnis: »Wir finden keinen Beweis dafür, dass höhere Energiepreise zu niedrigeren Beschäftigungszahlen im Sektor des Güterexports führen.«[1] Ob ein Land hohe oder niedrige Energiepreise habe, entscheide nicht darüber, *ob* es ein wettbewerbsfähiger Exporteur ist, sondern nur darüber, *in welchem Sektor* es besonders erfolgreich ist.

Denn wenn die Strompreise für energieintensive Industrien subventioniert werden, werden diese zwar wettbewerbsfähiger. Die Kosten dafür müssen jedoch andere tragen: Zum einen die Verbraucher, deren Nachfrage nach anderen Produkten durch die höheren Ausgaben für Strom nachlässt, was wiederum an anderer Stelle zu Arbeitsplatzverlusten führen kann. Zum anderen die nichtprivilegierte Industrie, deren Wettbewerbsfähigkeit aufgrund der erhöhten Kosten sinkt, was ebenfalls Arbeitsplätze kosten kann. Weil die energieintensive Industrie meist nicht besonders arbeitsintensiv ist, können die subventionierten Energiepreise am Ende sogar das Gegenteil dessen bewirken, was sie eigentlich erreichen sollen: In anderen Branchen gehen mehr Arbeitsplätze verloren, als durch die Subventionen in der energieintensiven Industrie gerettet werden.

Verbreitet ist in Deutschland zudem die Sorge, dass die weiterverarbeitende Industrie – etwa Automobil- oder Pharma-Firmen – darunter leidet, wenn ihre energieintensiv produzierten Grundstoffe – etwa

Aluminium oder Basis-Chemieprodukte – nicht mehr in räumlicher Nähe hergestellt werden können. Doch auch diese Befürchtung ist nach Ansicht der Bruegel-Wissenschaftler unbegründet. »Mit unserer Analyse stellen wir auch die Sichtweise in Frage, dass bestimmte energieintensive Sektoren entscheidend für die Wettbewerbsfähigkeit von anderen Sektoren sind«, heißt es. So sind beispielsweise die deutschen Automobilexporte von 2001 bis 2008 massiv gestiegen, obwohl im gleichen Zeitraum der Import von Aluminium stark zugenommen hat, da sich dessen energieintensive Herstellung in Deutschland aufgrund der steigenden Strompreise immer weniger rechnete.

Doch solche Fakten spielen in der deutschen Debatte keine Rolle. Hier fordern Dachverbände wie der Bundesverband der Deutschen Industrie (BDI) mit Nachdruck, die Ausnahmeregeln beizubehalten – auch wenn die breite Mehrheit seiner Mitgliedsunternehmen nicht davon profitiert, sondern darunter leidet. Und die Politik glaubt den BDI-Lobbyisten nur allzu gern, dass die Interessen von wenigen energieintensiven Unternehmen identisch sind mit denen der gesamten Nation – und hält an den Ausnahmen fest.

Auch die Verbraucher, die letztendlich für die Industrie-Geschenke bezahlen müssen, fallen oft auf das Arbeitsplatz-Argument herein. Ganz im Sinne der Profiteure des Strompreis-Komplotts richten sie ihren Ärger über die steigenden Preise gegen die ver-

meintlich teure Energiewende – anstatt gegen jene
Teile der Industrie, die immer dreister abkassieren.

Grundversorger-Abzocke stoppen

Wie wir gesehen haben, geben viele Stromversorger
die sinkenden Preise an der Strombörse gar nicht
oder nur teilweise an ihre Kunden weiter. Vor allem
die Grundversorger steigern auf diese Weise ihre Gewinne. Regeln, die diese Form der Abzocke verhindern oder zumindest begrenzen, könnten darum für
viele Kunden sinkende Preise bedeuten.

Auch dafür gibt es konkrete Konzepte: Die SPD hatte sich im Wahlkampf dafür eingesetzt, die Grundversorgertarife staatlich zu regulieren, indem alle
Anbieter diese an die Bundesnetzagentur melden
müssen. Falls die Preise mehr als zehn Prozent über
vergleichbaren Tarifen in derselben Region liegen,
sollte die Behörde preisregulierend eingreifen. Diese
Forderung wird auch von der Umweltorganisation
Greenpeace unterstützt.

Einen alternativen Ansatz bietet das Kartellrecht.
Dieses ermöglicht den Behörden, gegen Unternehmen vorzugehen, die eine marktbeherrschende Stel-
lung ausnutzen, um unangemessene Preise zu fordern. Von einer Marktbeherrschung wird ausgegan-
gen, wenn ein Unternehmen einen Marktanteil von
über 40 Prozent hat. Auf die meisten Grundversorger

trifft dieses Kriterium zu. Verlangt ein solches Unternehmen dann erheblich höhere Preise als vergleichbare Konkurrenten, ohne dafür sachliche Gründe zu haben, so liegt ein Missbrauch vor, gegen den das Kartellamt mit Bußgeldern oder angeordneten Preissenkungen vorgehen kann. Darüber hinaus können die Gewinne abgeschöpft werden, die aus der missbräuchlichen Preisgestaltung erzielt wurden.

Ein dritter Ansatz, den unter anderem die Verbraucherzentralen und die Grünen vertreten, sieht vor, auch in der Grundversorgung für mehr Wettbewerb zu sorgen. Das könnte geschehen, indem die Grundversorgung nicht mehr automatisch an jenes Unternehmen fällt, das in einer Region die meisten Kunden versorgt. Stattdessen könnte sie in jeder Region für einen bestimmten Zeitraum ausgeschrieben werden. Der Zuschlag ginge dann an das Unternehmen mit dem günstigsten Angebot. Auf diese Weise würden auch jene Kunden von sinkenden Preisen profitieren, die von sich aus den Anbieter nicht wechseln können oder wollen.

Alle diese Formen der Preiskontrolle könnten nicht nur die Weitergabe der niedrigeren Börsenpreise erzwingen und den Verbrauchern damit jene 500 Millionen Euro zurückgeben, die sie zu Unrecht an ihre Stromlieferanten bezahlen. Eine Preiskontrolle böte zudem die Gewähr, dass mögliche Senkungen der Stromsteuer auch bei den Kunden ankommen. Ohne diesen Kontrollmechanismus könnten Unternehmen nämlich versucht sein, die niedrigeren Steuern – wie im Fall der sinkenden Börsenpreise – nicht (in vollem Umfang) an ihre Kunden weiterzugeben. Ähnliches gilt auch für die EEG-Umlage, falls diese aufgrund einer Reduzierung der Industrie-Ausnahmen sinken sollte.

Doch obwohl es offensichtlich ist, dass viele Kunden vor allem in der Grundversorgung überhöhte Preise bezahlen, will die neue Bundesregierung auch hier offenbar auf jegliche Gegenmaßnahme verzichten: Im Koalitionsvertrag wird das Thema nicht einmal erwähnt. Die Union hatte staatliche Eingriffe in den angeblichen Markt schon im Vorfeld abgelehnt. Und die SPD gab auch an diesem Punkt sofort klein bei. Dabei mag durchaus eine Rolle spielen, dass sich eine Preiskontrolle nicht nur bei den vier großen Energiekonzernen unmittelbar in der Bilanz niederschlagen würde. Auch viele Stadtwerke, deren Schicksal den Sozialdemokraten ganz besonders am Herzen liegt, müssten auf so manchen Extra-Profit verzichten, wenn sie ihre Grundversorgungstarife nicht mehr beliebig hoch ansetzen dürften. Das Versprechen an die Verbraucher, für sinkende Preise zu sorgen, hatte gegen die klaren Interessen der Stromversorger offenbar keine Chance.

Ökostrom-Kosten minimieren

Die politische Debatte über den Strompreis konzentriert sich meist auf die Vergütung des Ökostroms: Wenn die Betreiber weniger Geld bekommen und zudem weniger neue Anlagen gebaut werden, so das Argument, müssen die Stromkunden auch weniger bezahlen. Im Grundsatz ist das natürlich richtig, doch die Auswirkungen einer solchen Maßnahme sind sehr begrenzt. Denn der größte Teil der Ökostrom-Ausgaben fällt für bereits bestehende Anlagen an. Weil deren Investoren Vertrauensschutz genießen, können die Bedingungen nicht rückwirkend verändert werden. Eine Absenkung der Vergütungssätze gilt darum stets nur für neue Anlagen – und kann somit nur zu langsamer steigenden Kosten, aber zumindest kurzfristig nicht zu sinkenden Preisen führen.

Den größten Effekt hat dabei die Entscheidung, woher der künftige Ökostrom stammen soll. Denn bei den anfallenden Kosten gibt es erhebliche Unterschiede: Große Solaranlagen und Windräder an Land produzieren mit weniger als 10 Cent pro Kilowattstunde am billigsten – ihr Ausbau belastet die Stromrechnung also kaum noch in spürbarem Ausmaß. Kleine Solaranlagen auf Hausdächern sind mit 13 Cent etwas teurer. Windkraftanlagen im Meer bekommen hingegen in den ersten acht Jahren mit 19 Cent pro Kilowattstunde eine deutlich höhere Vergütung. Zudem ist dort die Anbindung ans Stromnetz deutlich teurer als bei anderen Techniken, was wiederum zusätzliche Kosten für die Verbraucher bedeutet. Auch Strom aus Biomasse-Kraftwerken kostet mit rund 20 Cent pro Kilowattstunde doppelt so viel wie die billigsten Erneuerbaren.

Eine Politik, die die Stromkosten für die Zukunft möglichst gering halten will, sollte also beim Ausbau von Biomasse und Windkraft im Meer zurückhaltend sein und stattdessen auf preiswerte Solaranlagen und Windräder an Land setzen. Bei einer solchen Strategie könnte die Energiewende sogar deutlich beschleunigt werden, ohne dass die Kosten im Vergleich zu den derzeitigen Plänen steigen würden.

Doch geschehen soll zumeist das Gegenteil. Bei der Windkraft auf See etwa setzt die Regierung weiter auf ein starkes Wachstum. Dazu wurde die besonders hohe Vergütung in den ersten Jahren auf Druck der norddeutschen Bundesländer verlängert.

Der Ausbau der besonders günstigen Windkraft an Land soll hingegen massiv reduziert werden: Denn während an besonders windstarken Standorten die Vergütung nur verringert werden soll (was durchaus sinnvoll ist), sollen Standorte mit weniger Wind künftig gar nicht mehr gefördert werden. Der geplante Ausbau der Windenergie in Mittel- und Süddeutschland wäre damit fast komplett hinfällig. Auch bei großen Solaranlagen hält die neue Regierung an den geplanten Tarifkürzungen fest, obwohl hier der Ausbau angesichts der zuletzt schon stark abgesenkten Vergütungssätze bereits zum Erliegen gekommen ist. Und auch kleinere Solaranlagen, die sich heute vor allem deshalb rechnen, weil ein Teil des Stroms selbst verbraucht wird und dadurch die Stromrechnung sinkt, sind bedroht: Denn der selbst verbrauchte Strom soll nach dem Willen der Koalition künftig ebenfalls mit Abgaben belegt werden. Der Neubau von Solaranlagen, der sich 2013 im Vergleich zum Vorjahr bereits halbiert hat, soll dadurch um ein weiteres Drittel sinken.

Doch was steckt hinter all diesen Plänen? Warum bremst die Regierung ausgerechnet die billigen Ökostrom-Kraftwerke und setzt stattdessen auf die teuren? Hier hilft ein Blick auf die Investoren in den unterschiedlichen Bereichen: Windräder an Land und Solaranlagen werden überwiegend von Privatpersonen, Genossenschaften oder kleinen Unternehmen finanziert. Bei Windparks im Meer sind die Gesamtkosten und die technischen Anforderungen jedoch so hoch, dass diese Projekte überwiegend von den großen Energiekonzernen umgesetzt werden. Diese haben ihre Interessen während der Koalitionsverhandlungen offenbar besser durchsetzen können.

Profitieren werden die finanzstarken Unternehmen auch von einem weiteren Plan der Koalition: Künftig sollen die Betreiber von Ökostrom-Anlagen keinen Festpreis mehr für ihren Strom erhalten. Stattdessen müssen sie ihn selbst am Markt verkaufen und bekommen pro Kilowattstunde eine Prämie, die ihre höheren Kosten decken soll. Langfristig soll diese Prämie durch Ausschreibungen ermittelt werden:

Wer den geringsten Zuschlag benötigt, darf bauen. In der Theorie ist das eine gute Idee, weil es dazu führt, dass Strom vermehrt dort produziert wird, wo die Bedingungen besonders günstig sind. In der Praxis ist jedoch zweifelhaft, ob es wirklich günstiger wird, weil dadurch das Risiko der Betreiber steigt, was wiederum zu höheren Aufschlägen führen kann, beispielsweise bei der Vergabe von Krediten. Zudem ist die Vermarktung des Stroms gerade bei kleinen Anlagen ein unverhältnismäßiger Aufwand, so dass auch hier große Betreiber klar bevorzugt werden.

Dass ihre Pläne den Strom nicht billiger, sondern teurer machen, verschweigen Union und SPD im Koalitionsvertrag aus gutem Grund – schließlich widerspricht das ihren Wahlversprechen diametral. Eine andere Konsequenz räumen sie hingegen offen ein: Dass die Energiewende massiv gebremst wird. Denn während es bisher nur Mindestziele für den Ausbau der erneuerbaren Energien gab, legt die große Koalition jetzt erstmals eine Obergrenze fest: Der Ökostrom-Anteil soll auf maximal 45 Prozent im Jahr 2025 begrenzt werden. Das ist nicht nur weniger ambitioniert als das bisherige Mindestziel von 38,6 Prozent bis zum Jahr 2020, das Deutschland bereits verbindlich an die EU gemeldet hat; das künftige Ausbautempo liegt sogar um ein Drittel niedriger als in den letzten vier Jahren unter Schwarz-Gelb. Verkauft wird dies als wichtige Maßnahme für mehr Planungssicherheit und zur Stabilisierung der Kosten.

In der Praxis haben die Kostenargumente der Regierung jedoch kaum Relevanz: Selbst wenn der Ausbau von Solaranlagen und Windrädern an Land fast vollständig zum Erliegen käme, würde die EEG-Umlage, die derzeit bei 6,2 Cent liegt, im Vergleich zu den bisherigen Ausbauplänen in den nächsten Jahren nur um 0,3 Cent niedriger liegen. Ungleich größer ist die Bedeutung der Energiewende-Bremse hingegen für die Betreiber konventioneller Kraftwerke. Für sie erhöht jede Kilowattstunde, die nicht von einem Windrad oder eine Solarzelle produziert wird, die Auslastung ihrer Anlagen – und damit ihren Gewinn.

Mit ihren Beschlüssen zur Energiewende hat die große Koalition damit endgültig gezeigt, was hinter der Debatte um die hohen Strompreise steckt: Ein gezieltes Komplott, mit dem die erneuerbaren Energien ausgebremst werden und die Bedingungen für konventionelle Betreiber verbessert werden sollen. Die Interessen der Stromkunden spielen dabei nur so lange eine Rolle, wie sie sich zugunsten der Konzerne instrumentalisieren lassen.

Sozialleistungen erhöhen

Es ist schon paradox: Allerorts werden die sozialen Probleme beklagt, die mit den steigenden Stromkosten einhergehen. Doch Lösungen werden fast nur im Bereich der Energiepolitik gesucht – die Sozialpolitik spielt kaum eine Rolle. Dabei steht fest: Wenn es wirklich darum geht, Sozialleistungsempfänger und Geringverdiener von hohen Kosten zu entlasten, sind weder Stromsteuersenkungen für alle nötig noch ein Ausbremsen der Energiewende. Sehr viel zielgerichteter wäre die Hilfe, wenn die Einkünfte der Betroffenen erhöht würden.

Für diejenigen, die einen Job haben, aber trotzdem extrem wenig verdienen, ist tatsächlich eine Besserung in Sicht: Der von der SPD durchgesetzte Mindestlohn von 8,50 Euro pro Stunde wird für viele Geringverdiener zu einer deutlichen Verbesserung führen – vor allem für jene, deren Einkünfte bisher nicht vom Staat aufgestockt wurden. Sie dürften in Zukunft darum weniger Probleme haben, ihre Stromrechnung zu bezahlen.

Notwendig und leicht umsetzbar wäre eine Entlastung aber auch für jene Menschen, die mit staatlichen Leistungen unterstützt werden: Die Sätze für die Grundsicherung (Sozialhilfe bzw. Arbeitslosengeld II) müssten endlich die realen Stromkosten berücksichtigen, die in Haushalten mit geringen Einkünften einen deutlich höheren Anteil haben als im Durchschnitt. Zudem müsste die Anpassung an steigende Preise kurzfristig erfolgen – und nicht, wie bisher, mit mindestens einjähriger Verzögerung. Auch das BAföG berücksichtigt bisher nicht die realen Stromkosten. Nach Berechnungen des Deutschen Instituts für Wirtschaftsforschung müssten Grundsicherung und BAföG jeweils um rund 2 Euro im Monat angehoben werden, um die wirklichen Stromkosten zu decken. Beim Wohngeld werden Stromkosten bisher gar nicht berücksichtigt. Hier wäre ein Aufschlag von 5 Euro notwendig, um die Mehrkosten seit 2008 aufzufangen. Die Gesamtkosten für alle diese Maßnahmen zusammen lägen nach DIW-Berechnungen bei gerade einmal 154 Millionen Euro.

Geplant sind solche Anpassungen der Sozialleistungen an die gestiegenen Stromkosten bisher aber nicht. So gern die Sorge um die Armen auch bemüht wird, um die Energiewende in Frage zu stellen – so groß, dass wirksame und relativ günstige Gegenmaßnahmen ergriffen werden, ist sie dann offenbar doch nicht.

Selbst aktiv werden

Möglichkeiten, den Anstieg der Strompreise durch politische Maßnahmen zu begrenzen, gibt es also reichlich. Derzeit sieht es allerdings nicht danach aus, dass diese auch genutzt werden. Doch selbst wenn es dabei bleiben sollte, ist man als Verbraucher nicht völlig machtlos. Durch einen Wechsel des Stromanbieters und den Austausch von alten Geräten lässt sich der Preisanstieg in vielen Fällen stoppen – oder sogar zurückdrehen.

Stromanbieter wechseln

Angesichts der großen öffentlichen Empörung über die hohen Strompreise dürfte es sie eigentlich kaum geben: Verbraucher, die noch nie einen neuen Stromvertrag abgeschlossen haben und darum den teuersten Tarif des örtlichen Grundversorgers beziehen. Doch tatsächlich trifft das noch immer auf knapp 40 Prozent der Deutschen zu. Sie folgen brav dem Motto, mit dem der Stromriese RWE seinen Grund-Tarif bewirbt: »Warum unnötig Gedanken machen?« Dabei sind Gedanken über einen Wechsel alles andere als unnötig. Denn wer noch im Grundversorgertarif ist, zahlt grundsätzlich zu viel – kann aber besonders leicht wechseln und dabei besonders viel sparen, wenn er sich traut, es zu tun. Ohne jedes Risiko lassen sich durch einen Wechsel in den meisten Fällen die Stromkosten um 10 bis 15 Prozent reduzieren, zeigte ein aktueller Vergleich der Stiftung Warentest.[2] Und auch wenn RWE damit wirbt, man werde in der Grundversorgung »zuverlässig rund um die Uhr bestens versorgt«, sollte das niemanden verwirren: Zuverlässig und rund um die Uhr kommt der Strom auch von jedem anderen Lieferanten. Anders als etwa beim Telefonanschluss ändert sich beim Wechsel des Stromanbieters technisch überhaupt nichts: Die Elektrizität kommt durch die gleichen Leitungen wie vorher ins Haus, und sie wird über den gleichen Zähler abgerechnet. Das Einzige, was sich verändert, sind Absender und Betrag der Rechnung. Und das Schlimmste, was passieren kann, wenn ein Anbieterwechsel aus welchen Gründen auch immer nicht klappt, ist, dass man wieder beim Grundversorger landet – und einen neuen Versuch unternehmen kann.

Was dennoch viele Menschen vom Wechsel abhält, sind die – gerade auch von teuren Grundversorgern gern weiterverbreiteten – Meldungen über die Pleiten der beiden Billig-Anbieter Flexstrom und Teldafax. Dabei haben viele Kunden Geld verloren, das sie im Voraus für ihren Strom bezahlt hatten. Das war für die Betroffenen tatsächlich ärgerlich – allerdings ist die richtige Konsequenz daraus nicht, auf einen Anbieterwechsel zu verzichten, sondern lediglich auf Tarife mit Vorkasse oder Kaution. Bei allen anderen Tarifen ist ein solcher finanzieller Schaden ausgeschlossen.

Wie läuft ein Anbieterwechsel nun konkret ab? Die Informationen, die man dafür benötigt, finden sich alle auf der letzten Stromrechnung: Die Zählernummer, der bisherige Anbieter mit Kundennummer und der ungefähre Jahresverbrauch. Verbraucher, die einen Grundversorgungstarif nutzen, also noch nie den Anbieter oder Tarif gewechselt haben, können jederzeit mit einer Frist von zwei bis vier Wochen zu einem neuen Anbieter wechseln und brauchen dazu noch nicht einmal zu kündigen; das übernimmt in dem Fall der neue Anbieter.

Den besten Tarif findet man über ein Vergleichsportal im Internet. Bei einem Test der Stiftung Warentest haben Verivox.de, Check24.de und Toptarif.de am besten abgeschnitten. Diese ermitteln anhand der Postleitzahl und des Jahresverbrauchs den günstigsten verfügbaren Anbieter. Um böse Überraschungen zu verhindern, sollte man unbedingt manuell folgende Einstellungen wählen: Keine Tarife mit Vorauskasse, Kaution oder festen Paketen und keine Einberechnung von einmaligen Vergünstigungen (»Neukundenbonus« etc.). Sinnvoll, aber nicht zwingend, sind zudem eine Preisgarantie und möglichst kurze Laufzeiten und Kündigungsfristen, um später gegebenenfalls erneut wechseln zu können. Einstellungen wie »nur empfohlene Anbieter«, »nur gut bewertete Anbieter« oder »nur Anbieter mit direkter Wechselmöglichkeit« sollten deaktiviert werden, weil die Auswahl ansonsten anhand undurchsichtiger Kriterien eingeschränkt wird. Achtung: Ganz oben in der Ergebnisliste befinden sich oft nicht die günstigsten Anbieter, sondern Werbeanzeigen – die sich optisch aber kaum von den regulären Ergebnissen unterscheiden.

Hat man sich für einen Anbieter entschieden, kann man entweder direkt vom Vergleichsportal aus wechseln, was aber meist daran gekoppelt ist, dass der Anbieter eine Provision an den Webseitenbetreiber bezahlt. Darum ist das nicht in allen Fällen möglich. Alternativ geht man auf die Internet-Seite des neuen Anbieters und meldet sich dort selbst für den gewünschten Tarif an. Der Wechsel, der in der Regel schriftlich vom alten und neuen Anbieter sowie dem örtlichen Netzbetreiber bestätigt wird, findet meist innerhalb von drei bis sechs Wochen statt. Am Tag des Wechsels muss der Zählerstand abgelesen werden, entweder durch den Netzbetreiber oder durch den Kunden selbst.

Wer schon einmal den Tarif oder den Anbieter gewechselt hat, befindet sich nicht in der Grundversorgung, sondern gilt als Sondervertragskunde. Diese dürfen nicht jederzeit kündigen, sondern nur zum Ende der Vertragslaufzeit oder bei einer Preiserhöhung, die stets schriftlich angekündigt werden muss. Weil die Fristen in diesen Fällen oft kurz sind, empfiehlt es sich, die Kündigung nicht dem neuen Anbieter zu überlassen, sondern selbst schriftlich zu kündigen. Die Vergleichsportale bieten dazu Musterschreiben an. Auch im Fall eines Umzugs besteht häufig ein Sonderkündigungsrecht; Details dazu sind beim Anbieter oder in den Geschäftsbedingungen zu erfahren. Der Wechsel zu einem neuen Anbieter erfolgt dann nach Versand der Kündigung wie oben beschrieben. Falls der Übergang nicht nahtlos gelingt, wird man eventuell kurzfristig durch den Grundversorger beliefert.

Stromkunden, die keinen Internet-Anschluss haben oder sich den Wechsel allein nicht zutrauen, können sich übrigens an die nächstgelegene Verbraucherzentrale wenden. Diese helfen bei der Suche nach einem neuen Anbieter und beim Wechsel. Für Menschen mit niedrigem Einkommen ist dieser Service oft kostenlos, andere zahlen eine Gebühr, die sich aufgrund der Einsparungen schnell bezahlt machen wird.

Verbrauch reduzieren

Die zweite, vielfach unterschätzte Möglichkeit, die eigene Stromrechnung zu senken, ist der Umstieg auf sparsamere Geräte. Bei der Beleuchtung etwa sind nur geringe Investitionen nötig, die sich zudem schnell bezahlt machen. Bei größeren Geräten wie Heizungspumpe oder Kühlschrank muss mehr Kapital eingesetzt werden, aber auch dies lohnt sich häufig.

Beim Licht können vor allem jene sparen, die derzeit noch alte Glühbirnen oder Halogenleuchten nutzen. Sie können die Energiesparlampen, die wegen ihrer Lichtfarbe und ihres Quecksilbergehalts stets umstritten waren, überspringen und direkt zur modernen LED-Lampe wechseln – und das rentiert sich praktisch sofort. Um eine 60-Watt-Glühbirne zu ersetzen, reicht eine 10-Watt-LED-Leuchte. Wenn diese im Schnitt zwei Stunden am Tag brennt, spart sie in einem Jahr über zwölf Euro – und damit bereits etwa so viel, wie sie in der Anschaffung kostet. In den verbleibenden zwanzig Jahren ihrer Lebensdauer spart die LED-Lampe diese Summe Jahr für Jahr ein. Auch wenn LEDs bis zum Ende ihrer angegebenen Lebensdauer bis zu 30 Prozent ihrer Leuchtkraft verlieren können, bleiben sie Investitionen, die sich jeder leisten kann und die sich bereits nach einem Jahr voll bezahlt machen.

Bei Eigenheimbesitzern verbirgt sich im Keller meist ein weiterer Stromfresser, dessen Austausch sich schnell rentiert: die Heizungspumpe. Alte, ungeregelte Pumpen verursachen mit ihrem Stromverbrauch von 400 bis 600 Kilowattstunden im Jahr Kosten von 115 bis 175 Euro. Moderne Pumpen verbrauchen hingegen nur 50 bis 100 Kilowattstunden, was 15 bis 30 Euro kostet. Die jährliche Ersparnis von 100 bis 150 Euro führt dazu, dass sich die Anschaffungs- und Einbaukosten von rund 500 Euro für die neue Pumpe schnell amortisieren.

Auch bei Kühlschränken, die jahrein, jahraus rund um die Uhr laufen, rentiert sich die Anschaffung eines sparsamen Geräts in vielen Fällen für Umwelt und Geldbeutel gleichermaßen. Um das tatsächliche Einsparpotenzial einschätzen zu können, ist es notwendig, den Stromverbrauch oder zumindest die Effizienzklasse des alten Geräts zu kennen. Als Faustregel gilt, dass ein Austausch sich rechnet, wenn der existierende Kühlschrank älter als zehn Jahre ist oder seine Effizienzklasse B oder schlechter lautet.

Eine Kühl-/Gefrierkombination mit 340 Litern Inhalt verbraucht in der derzeit sparsamsten Version (A+++) etwa 150 Kilowattstunden im Jahr, was rund 45 Euro kostet. Ein gleich großes, fünfzehn Jahre altes Gerät verbraucht hingegen etwa 400 Kilowattstunden und kostet damit 116 Euro im Jahr. Durch die jährliche Ersparnis von gut 70 Euro rentiert sich die Anschaffung im Wert von etwa 500 Euro nach sieben Jahren (und bei weiter steigenden Strompreisen noch deutlich schneller).

Etwas geringer ist das Sparpotenzial bei Waschmaschinen und Geschirrspülern: Hier lohnt sich der Austausch in der Regel, wenn das vorhandene Gerät mindestens fünfzehn Jahre alt ist. Ein modernes A+++-Modell spart dann bei einer Standard-Spülmaschine, die 280 mal im Jahr läuft, gut 50 Euro im Jahr; bei einer Waschmaschine mit 220 Waschgängen im Jahr liegt die Ersparnis bei 40 Euro. Bis sich die Anschaffung bezahlt macht, vergehen dabei je nach Anschaffungspreis acht bis zwölf Jahre.

Bei allen anderen Haushaltsgeräten lohnt sich der Kauf eines sparsameren Modells in der Regel nur, wenn ohnehin ein Austausch oder eine größere Reparatur ansteht. Dann jedoch ist die Wahl der sparsamsten Varianten grundsätzlich empfehlenswert, weil die Mehrkosten bei der Anschaffung durch die spätere Ersparnis bei der Stromrechnung mehr als ausgeglichen werden. Seriöse Beispielrechnungen für viele Geräte finden sich auf der vom renommierten Öko-Institut betriebenen Webseite ecotopten.de.

Trotz dieser klaren Fakten zögern viele Verbraucher mit der Anschaffung sparsamerer Geräte. Teils liegt dies einfach an fehlendem Wissen über die langfristigen Kosten des höheren Verbrauchs. Selbst wenn die späteren Ersparnisse bekannt sind, wirkt die notwendige Investition auf viele Menschen zunächst abschreckend. Und gerade für Geringverdiener oder Sozialleistungs-Bezieher ist die Anschaffung eines sparsamen Geräts oft nicht finanzierbar, obwohl auch sie damit langfristig sparen würden. Helfen könnte hier die von vielen Sozialverbänden und dem Deutschen Institut für Wirtschaftsförderung geforderte »Abwrackprämie«, die einen finanziellen Zuschuss für die Anschaffung eines sparsamen Geräts bei nachgewiesener Verschrottung des alten gewähren würde. Doch auch mit dieser Forderung konnte sich die SPD in den Koalitionsverhandlungen nicht durchsetzen. Wenn es konkret wird, scheinen die guten Vorsätze, die Armen zu entlasten, dann doch nicht mehr so wichtig.

UND WARUM
PASSIERT DAS NICHT?

Die Fakten sind eindeutig: Das Problem der hohen Strompreise wäre leicht zu lösen. Weniger Ausnahmen für die Industrie, stärkere Kontrolle der Versorgungsunternehmen, eine Konzentration auf Wind an Land und Solaranlagen als die günstigsten Formen der erneuerbaren Stromerzeugung. Dazu höhere Sozialleistungen und ein Verzicht auf die Besteuerung von Ökostrom – so könnte die Politik ihr Versprechen einlösen, die Stromkosten zu senken, und gleichzeitig die Klimaschutzziele erreichen, die Luftverschmutzung reduzieren, die Beschäftigung im Energiesektor steigern und die kommunale Wirtschaft stärken.

Passieren soll davon jedoch – nichts. Wenn sie sich an ihren Koalitionsvertrag hält, wird die Bundesregierung in den nächsten Jahren auf alle Maßnahmen verzichten, die den Verbrauchern wirklich helfen würden. Stattdessen soll die Energiewende massiv abgebremst werden – obwohl das auf die Strompreise fast keinen Einfluss hat. Was, so fragt man sich, treibt CDU/CSU und SPD eigentlich zu dieser unsinnigen und schädlichen Politik?

Die Energiewende-Verlierer machen mobil

Auch wenn die Energiewende für die deutsche Volkswirtschaft insgesamt ein großer Gewinn ist, gibt es in diesem Prozess natürlich auch Verlierer. Zu den größten gehören die klassischen Energiekonzerne, die bisher mit Kohle- und Atomkraftwerken unglaublich viel Geld verdient haben. Bei Atomkraftwerken lag der Gewinn lange Zeit bei einer Million Euro – und zwar pro Tag! Die Hälfte dieser Goldesel ist nach der Reaktorkatastrophe von Fukushima stillgelegt worden, die andere verdient durch die gesunkenen Börsenstrompreise und die neu eingeführte Brennelemente-Steuer weniger als früher – und ihre Laufzeit endet nach den derzeitigen Plänen spätestens im Jahr 2022.

Umso verbissener kämpfen die Konzerne um die anderen Geschäftsbereiche, in denen sie noch richtig Geld verdienen. Das ist vor allem die Stromerzeugung mit der besonders klima- und umweltschädlichen Braunkohle. Hier gebe es noch »erträgliche Einnahmen«, meldete RWE-Finanzvorstand Bernhard Günther im Frühjahr 2013 bei der Vorstellung der Jahresbilanz. Und das ist noch eher zurückhaltend formuliert. In den Tagebaugebieten in Nordrhein-Westfalen, in denen die Schaufelradbagger rund um die Uhr die Braunkohle aus dem Boden holen, liegen noch über drei Milliarden Tonnen des Rohstoffs. Selbst bei den derzeit niedrigen Preisen an der Strombörse könnte RWE damit in den nächsten dreißig Jahren weit über 100 Milliarden Euro Gewinn machen – eine Summe, für die es sich zu kämpfen lohnt. Ähnlich ist die Situation in Ostdeutschland, wo Vattenfall die riesigen Braunkohle-Vorkommen ausbeutet.

Doch dieses Geschäftsmodell ist bedroht, wenn der Ausbau der erneuerbaren Energien im bisherigen Tempo weitergeht. Immer häufiger produzieren Windräder und Solaranlagen schon heute so viel Strom, dass die Kohlekraftwerke nicht mehr gebraucht werden und teilweise heruntergefahren werden müssen. Geht der Ausbau der Erneuerbaren weiter, steht ihr Betrieb insgesamt in Frage. Denn im Gegensatz zu Gaskraftwerken können die meisten Kohlekraftwerke ihre Leistung allenfalls ein wenig reduzieren, und auch das nur mit einigem zeitlichen Vorlauf. Als Ergänzung zur schwankenden Einspeisung von Ökostrom eignen sie sich darum kaum.

Die großen Energieversorger haben also gute Gründe, gegen die Energiewende zu kämpfen. Jede Kilowattstunde Strom, die von einem Windrad oder einer Solarzelle produziert wird, senkt ihre Gewinne. Es würde für die Branche also durchaus Sinn ergeben, die Energiewende gezielt zu diskreditieren.

Dass hinter der intensiven Lobbyarbeit und den teilweise massiven Lügen und Verdrehungen in der Öffentlichkeit eine zentral gesteuerte Kampagne der Energiekonzerne steckt, ist derzeit nicht zu beweisen. Aber es spricht einiges dafür. Wie strategisch die Branche vorgehen kann, wenn sie ihre Profite bedroht sieht, zeigte sich nämlich bereits im Jahr 2008.

Damals galt die Atomkraft in Deutschland als Vergangenheit. Der Ausstiegsbeschluss der rot-grünen Bundesregierung aus dem Jahr 2000 war zum Leidwesen der Branche auch von der großen Koalition nicht revidiert worden. Mit der Bundestagswahl 2009 sollte sich das endlich ändern.

Wie die Branche dabei vorging, zeigen Dokumente der Lobbyagentur Deekeling Arndt Advisors, die später der Tageszeitung *taz* zugespielt wurden. Die Agentur war vom Deutschen Atomforum, dem Lobbyverband der vier deutschen AKW-Betreiber, beauftragt worden, mit einer Kampagne ein »verändertes Meinungsklima zur Kernenergie in Deutschland zu etablieren«.

Eine der zentralen »strategischen Empfehlungen« lautete seinerzeit: »Energie als soziale Frage thematisieren«. Man müsse »den sozialen Effekt stärker pointieren«, »den preisdämpfenden Effekt der Kernenergie verdeutlichen« und die »zusätzlichen Kosten eines Ausstiegs darstellen«. Ersetze »Kernenergie« durch »Kohle« – schon passen die Empfehlungen perfekt zur aktuellen Debatte.

Wichtig seien auch »neue Fürsprecher, z. B. aus der Wirtschaft (energieintensive Industrien), Gewerkschaften (z. B. IG BCE)«, heißt es in den Unterlagen von Deekeling Arndt Advisors weiter. Und natürlich ein möglichst großer Einfluss auf die Medien. Dazu organisierten die Lobbyisten »kontinuierliche Hintergrundgespräche mit Journalisten zu zielgruppenspezifischen Angeboten«, luden zu einer Pressereise in die (damals noch) atomkraftfreundliche Schweiz und vermittelten Interviewpartner, die, genau abgestimmt, die immer gleiche Botschaft unters Volk bringen sollten.

Nachdem der Vorsitzende des Atomforums in der *Frankfurter Allgemeinen Sonntagszeitung* ausführlich zu Wort gekommen war, lobte sich die Agentur: »Mit dem FAS-Interview mit Dr. Hohlefelder konnte das Anliegen der Branche optimal plaziert werden.« Auch ansonsten sei die »Meinungsprägung durch Plazierung von Thesen pro Kernkraft über prominente Dritte bei reichweitenstarken Medien« erreicht worden. *BILD* etwa berichtete ausführlich über den »Irrsinn mit dem Atomausstieg«.

Viele dieser Elemente finden sich in der aktuellen Kampagne gegen die Energiewende wieder. Statt Atomreaktoren werden nun Kohlekraftwerke als angebliche Kostendämpfer oder als unverzichtbare Reservekapazität angepriesen. Wieder gibt es eine kontinuierliche Serie von Interviews aus Wirtschaft und Wissenschaft mit stets ähnlichen Thesen. Wieder werden einzelne Gewerkschaften wie die traditionell konzernfreundliche IG Bergbau Chemie Energie als Kronzeugen genutzt. Und wieder üben die Lobbyisten massiven Druck auf die Politik aus.

Ein mächtiges Lobby-Netzwerk mit Draht ins Kanzleramt

Ob zentral gesteuerte Kampagne oder nicht: Der Einfluss der großen Energiekonzerne ist auch fünf Jahre später noch gewaltig. Das zeigte sich im November 2013, als der SPD-Bundestagsabgeordnete und Lobbyismus-Kritiker Marco Bülow mit einer Anfrage einen Blick in den Terminkalender des Bundeskanzleramts erzwang: In der Zeit der schwarz-gelben Bundesregierung von 2009 bis 2013 fanden dort siebzig Gespräche zum Thema Energie statt. Dabei wurden über fünfzig Vertreter der vier großen Energiekonzerne angehört, aber nur dreimal ein Vertreter der Branche der erneuerbaren Energien.

Den besten Kontakt zur Regierungsspitze pflegte RWE: Der Vorstandsvorsitzende Peter Terium wurde von Kanzlerin Angela Merkel zu zwei Einzelgesprächen empfangen. Daneben nahmen Terium und sein Vorgänger Jürgen Großmann sowie weitere Vorstände an acht Gruppenterminen mit der Kanzlerin teil und hatten sieben weitere Termine mit dem Kanzleramtsminister Ronald Pofalla. Ebenfalls gut vernetzt ist E.ON-Chef Johannes Teyssen: Er traf einmal allein und siebenmal in einer Gruppe auf Kanzlerin Angela Merkel. Und auch er scheint sich gut mit Kanzleramtschef Pofalla zu verstehen, wie die acht Treffen mit ihm zeigen. Auch Vattenfall und EnBW waren jeweils zu einem Einzel- und mehreren Gruppenterminen bei der Kanzlerin.

Mit fünf Merkel-Begegnungen ebenfalls einen engen Draht ins Kanzleramt hatte der Dachverband der Kraftwerksbetreiber, der Bundesverband Energie- und Wasserwirtschaft BDEW. Hilfreich dürfte dabei die Tatsache gewesen sein, dass der BDEW von einer engen Vertrauten Merkels geleitet wird, ihrer ehemaligen Staatsministerin Hildegard Müller.

Der Bundesverband Erneuerbare Energie hatte hingegen lediglich bei drei größeren Gruppen-Terminen persönlichen Kontakt zur Kanzlerin. Einzeltermine mit Merkel oder Pofalla verzeichnet die Übersicht des Kanzleramts nicht. Der SPD-Umweltpolitiker Marco Bülow – einer der wenigen Bundestagsabgeordneten, die die große Koalition offen abgelehnt hatten – sieht in den Kontakten »einseitigen Lobbyismus und Bevorteilung einer Wirtschaftsgruppe«. Auch in den für die Energiewende entscheidenden Ministerien – Umwelt, Wirtschaft, Verkehr – dominierten die großen Konzerne den Terminplan, wie eine weitere Anfrage der Linkspartei offenbarte.

Parallel zu diesen intensiven Kontakten in höchste politische Kreise haben sich die Energiewende-Verlierer – wie schon bei der Kampagne für die Laufzeitverlängerung – seit Jahren darum bemüht, die öffentliche Debatte über das Thema zu dominieren. Dabei werden sie nicht nur selbst aktiv, sondern bedienen sich eines breiten Netzwerks von Verbänden, Wissenschaftlern und halbstaatlichen Gremien, was Aufmerksamkeit und Glaubwürdigkeit erhöht. Dass es über die Strompreise eine breite öffentliche Debatte gibt, über die ebenso stark gestiegenen Heizöl- und Benzinpreise hingegen kaum, ist kein Zufall. Ebenso wenig wie die Tatsache, dass der Preisanstieg vor allem der Energiewende zugeschrieben wird. Beides ist das Ergebnis von gezielt gesteuerter Kommunikation.

Mit einer besonders aggressiven Kampagne gegen die Energiewende hat sich seit 2012 die »Initiative Neue Soziale Marktwirtschaft« (INSM) hervorgetan. Diese Lobby-Organisation, die komplett von den Arbeitgebern der Metall-Industrie finanziert wird, hatte sich zunächst für den Abbau von Arbeitnehmerrechten und die Privatisierung der Sozialversicherung eingesetzt. Weil viele Metall-Unternehmen von den Ausnahmen bei der EEG-Umlage profitieren, hat die INSM die Energiepolitik als neues Betätigungsfeld für sich entdeckt. Auch zum Stromriesen RWE gibt es einen engen Draht: Vorsitzender des INSM-Kuratoriums ist seit 2012 der ehemalige SPD-Wirtschaftsminister Wolfgang Clement, der heute als Aufsichtsrat für die RWE Power AG tätig ist.

Für die Kampagne unter dem Motto »EEG stoppen« wurden Anzeigen geschaltet (»Höhere Strompreise kosten Wählerherzen«), Bahnhöfe plakatiert (»Schluss mit dem Strompreis-Horror«) und Online-Aktionen gestartet (»EEG-Milchmädchenrechner«). Wissenschaftlich begleitet wurde die Kampagne durch das Rheinisch-Westfälische Institut für Wirtschaftsforschung (RWI), dessen Förderverein über viele Jahre von Vorständen des Stromkonzerns RWE geleitet wurde. RWI und INSM plädieren dafür, das Erneuerbare-Energien-Gesetz mit seinen festen Zahlungen durch ein sogenanntes Quoten-Modell zu ersetzen, bei dem den Stromunternehmen ein bestimmter Anteil Ökostrom vorgeschrieben wird. In der Praxis hat sich dieses Modell allerdings nicht bewährt, wie sich etwa in England gezeigt hat: Weil der Ausbau der erneuerbaren Energien dort mit einem Quoten-Modell deutlich langsamer und teurer verlief als etwa in Deutschland, ist das Land gerade auf ein Einspeise-Modell mit Festpreisen nach deutschem Vorbild umgeschwenkt.

Daneben gab die Lobby-Organisation INSM mehrere Studien in Auftrag, die die Kritik an der Energiewende untermauern sollten. So wies das von Verbänden und Unternehmen getragene Institut der Deutschen Wirtschaft (IW) im Auftrag der INSM nach, dass das EEG vor allem Geringverdiener belastet. Das Energiewirtschaftliche Institut an der Universität zu Köln (EWI), das unter anderem von E.ON und RWE gefördert wird, warnte in einer weiteren Studie für die INSM vor einem kontinuierlichen Preisanstieg durch die Ökostrom-Förderung. Konservative Medien wie *Die Welt* berichteten jeweils ausführlich und tendenziös – etwa indem mögliche Entwicklungen als feststehende Fakten dargestellt wurden und Kritik an den teilweise fragwürdigen Annahmen der Studien vollständig ausgeblendet wurde.

Zusätzliche Verbreitung fanden die Vorschläge von

INSM und RWI über den Sachverständigenrat der Bundesregierung – die sogenannten fünf Weisen –, deren Vorsitzender Christoph M. Schmidt zugleich Präsident des RWI ist, und über die staatliche Monopolkommission, deren früherer Vorsitzender und derzeitiges Mitglied Justus Haucap Vorsitzender des RWI-Forschungsbeirats und regelmäßiger Autor im Ökonomen-Blog der INSM ist. Unterstützung fand die Forderung nach einer Abschaffung des EEG auch beim Chef der halbstaatlichen Energieagentur Dena, Stephan Kohler – dessen geplanter Wechsel zum Energiekonzern RWE im Jahr 2009 nur knapp scheiterte und der heute dem Beirat der RWE-Tochter Innogy vorsitzt.

Fleißige Mitwirkung am Koalitionsvertrag

Die große Stunde der Energie-Lobbyisten, deren Zahl in Berlin auf rund fünfhundert geschätzt wird, schlug dann im Herbst 2013. Bei den Koalitionsverhandlungen zwischen Union und SPD sollte sich zeigen, ob sich die intensive Vorarbeit in den letzten Jahren gelohnt hat und die Energiewende endlich gebremst wird. »Das war eine der intensivsten Lobbyschlachten aller Zeiten«, kommentierte Christina Deckwirth vom Verband Lobbycontrol, die die Szene seit Jahren beobachtet.

Der Energiekonzern Vattenfall saß bei den Verhandlungen zeitweise direkt mit am Tisch. Und zwar in der Person von Ulrich Freese, der als Arbeitnehmervertreter in mehreren Vattenfall-Aufsichtsräten sitzt. Als langjähriges Vorstandsmitglied der IG BCE gilt er als wichtiger Lobbyist für die schmutzige Energie. 2013 wurde er für die SPD in den Bundestag gewählt. Während der Koalitionsverhandlungen nahm der brandenburgische Ministerpräsident Dietmar Woidke, ebenfalls ein großer Braunkohle-Fan, seinen Parteifreund zeitweise mit in die Vorbereitungssitzungen der Arbeitsgruppe Energie. Dort stellte er den Vattenfall-Mann als seinen »Berater« vor – und brachte einen Satz in die Verhandlungen ein, den Freese für ihn formuliert hatte: »Die konventionellen Kraftwerke (Braunkohle, Steinkohle, Gas) als Teil des nationalen Energiemixes sind unverzichtbar.« Mit einer leichten Abschwächung (»auf absehbare Zeit«) findet sich dieser Satz tatsächlich im Koalitionsvertrag wieder. Freese kommentierte diese Bestandsgarantie für die dreckigen Kraftwerke mit offenem Stolz darüber, »dass die von uns eingebrachten Änderungen ihren Niederschlag gefunden haben«.

Auch mit großen Interviews brachten die Konzerne während der Koalitionsverhandlungen ihre Forderungen in die Öffentlichkeit. »Diese Energiewende ist Wahnsinn«, polemisierte E.ON-Chef Johannes Teyssen in der *Frankfurter Allgemeinen Sonntagszeitung*. Für Deutschlands größten Energiekonzern RWE drohte der Vorsitzende Peter Terium nicht nur per Interview in der *Süddeutschen Zeitung* damit, es gehe »in Deutschland das Licht aus«, falls es keine neuen Subventionen für Kohlekraftwerke gebe. Das Unternehmen soll während der Verhandlungen sogar einen eigenen »War-Room« eingerichtet haben, in dem alle Informationen aus den Koalitionsverhandlungen ausgewertet wurden, um bei Bedarf sofort intervenieren zu können – etwa als die SPD höhere Steuern für Atomkraftwerke oder einen schnelleren Ausbau der erneuerbaren Energien forderte.

Auch der Energie-Dachverband BDEW, der von Angela Merkels ehemaliger Staatsministerin Hildegard Müller geleitet wird, nahm viel Einfluss: Die Vorschläge zur deutlichen Kürzung der Ökostrom-Vergütungen und mögliche neue Subventionen für Kohlekraftwerke fanden ihren Weg von den Papieren des BDEW in den Koalitionsvertrag. Neue Regeln, die überhöhte Strompreise bei Grundversorgern verhindert hätten, hatten hingegen keine Chance – dafür war der geballte Einfluss von großen Energiekonzernen und kleinen Stadtwerken, die mit ihrer Abzocke viel Geld verdienen, zu stark.

Wie Wähler und Verbraucher
hinters Licht geführt werden

Doch allein auf die mächtigen Lobbyisten von Energiekonzernen und energieintensiver Industrie zu schimpfen, greift zu kurz. Denn auf deren Forderungen kann die Politik nur eingehen, solange die Wähler das akzeptieren. Die Öffentlichkeit steht zwar in Umfragen weiterhin mit breiter Mehrheit zur Energiewende – je nach Auftraggeber und Fragestellung schwanken die Werte zwischen 60 und 93 Prozent. Doch weil sich die wenigsten mit den Details der Materie auskennen, gibt es gegen die völlig verzerrten Argumentationen und dramatischen Fehlentscheidungen bisher nur wenig Protest.

Zudem haben die Gegner der Energiewende in allen Debatten einen strategischen Vorteil: Auch wenn ihre Argumente nicht zutreffend sind – sie sind zumindest leicht verständlich. Der teure Ökostrom ist schuld an den hohen Strompreisen: Das kann jeder leicht nachvollziehen. Dass wachsende Ausnahmen für die Industrie den Strompreis verteuern, ist schon etwas komplizierter. Auch der volkswirtschaftliche Nutzen der erneuerbaren Energien und die vermiedenen Umwelt- und Gesundheitsschäden sind nicht mit einem Satz zu erläutern. Und spätestens bei der Erklärung, dass erneuerbare Energien den Börsenpreis senken, dieser aber an viele Kunden nicht weitergegeben wird, klinkt sich ein Großteil der Menschen aus der Debatte aus – und erinnert sich am Ende nur noch an das einfache Argument vom teuren Öko-strom.

Auch die Stromversorger haben deswegen oft ein leichtes Spiel, wenn sie mit unzutreffenden Begründungen ihre Preiserhöhungen durchsetzen. Solange sich die breite Mehrheit ihrer Kundinnen und Kunden diese Abzocke aus Unwissenheit oder Bequemlichkeit gefallen lässt, haben sie keinen Anlass, ihre Geschäftspolitik zu ändern.

Ein weiteres Problem ist, dass die Gegner der Energiewende oft sehr viel lauter und aggressiver vorgehen als die Unterstützer dieses Projekts. Ob in konservativen Medien oder in progressiven: Unter fast jedem Artikel zum Thema Strompreise, der im Internet veröffentlicht wird, finden sich in den Kommentaren jene Eiferer, die das ganze Projekt für einen riesigen Betrug halten und – frei von jeglichen Fakten – gegen erneuerbare Energien als Abzocke polemisieren und Befürwortern gern unterstellen, dass sie auch zu jenen gehören, die sich daran bereichern. Die oft interessengeleiteten Studien vermeintlich neutraler Institutionen sind ihnen dabei willkommene Belege.

In diesem Umfeld von verbreitetem Unwissen einerseits und teils aggressiver Kritik an der Energiewende andererseits fällt es der Politik leicht, den Lobbyisten der konventionellen Energieerzeuger und der Industrieverbände nachzugeben. Doch das wäre eine dramatische Fehlentscheidung. Der Ausstieg aus der klimaschädlichen Kohle- und Ölwirtschaft ist die wichtigste Zukunftsfrage der Menschheit. Ob und wie der Umbau zu einer umweltfreundlichen und dezentralen Stromerzeugung in einem Industrieland wie Deutschland gelingt, wird von der ganzen Welt aufmerksam verfolgt. Der Nachweis, dass die Energiewende hierzulande ohne dramatische Preissteigerungen möglich ist, würde den Umstieg in vielen anderen Ländern beschleunigen und die Lösung des dramatischen Klimaproblems wieder etwas realistischer machen.

STOPP DEM STROMPREIS-KOMPLOTT!

Das Projekt Energiewende ist zu wichtig, um es an den kurzfristigen finanziellen Interessen einer schmutzigen Industrie scheitern zu lassen, die ihre wahren Kosten auf die Gesellschaft und die künftigen Generationen abwälzt. Das Komplott, mit dem der Ärger über die hohen Strompreise als Hebel gegen die Energiewende genutzt werden soll, muss gestoppt werden. Das kann gelingen. Aber nur, wenn die Propaganda durch die Wahrheit verdrängt wird. Und die ist am Ende doch gar nicht so kompliziert:

- Nur ein Viertel des Strompreis-Anstiegs, den wir seit dem Jahr 2000 erlebt haben, ist tatsächlich durch die Energiewende verursacht. Der Rest der Zusatzkosten beruht zum Teil auf der allgemeinen Preissteigerung, zum Teil landet er als Subventionen bei der Industrie, als Extra-Gewinn bei den Stromversorgern und als Steuer-Plus in der Staatskasse.
- Windräder an Land und große Solaranlagen, die heute gebaut werden, produzieren Strom mittlerweile preiswerter als neue Steinkohle- und Gaskraftwerke – und bei weitem günstiger als neue AKWs. Nur die besonders schädliche Braunkohle ist noch billiger.

- Volkswirtschaftlich ist es deutlich günstiger, die Herstellung und Wartung von Öko-Kraftwerken zu finanzieren als den Import von Kohle und Uran. Zudem haben Kohle und Atomkraft in Deutschland insgesamt deutlich höhere Subventionen bekommen als Öko-Kraftwerke.
- Im Gegensatz zu konventionellen Kraftwerken verursachen erneuerbare Energien kaum Umwelt- und Gesundheitsschäden. Wenn diese auf den Strompreis umgelegt würden, wären Kohle und Atom unbezahlbar.

Günstiger Strom und sauberer Strom schließen sich nicht aus – sie bedingen einander. Wenn diese Fakten in jeder Debatte über Strompreise und Energiepolitik auf den Tisch kommen, hat das Strompreis-Komplott auf Dauer keine Chance.

ANMERKUNGEN

Die Entwicklung des Strompreises

1 BDEW-Strompreisanalyse, Mai 2013
2 Deutsches Institut für Wirtschaftsforschung: DIW Wochenbericht Nr. 41.2012

Warum steigen die Preise?

1 Öko-Institut e. V.: Analyse der EEG-Umlage 2014
2 Energy Brainpool: Kompensieren sinkende Beschaffungskosten den Anstieg der EEG-Umlage für Haushaltskunden? August 2013
3 Verbraucherzentrale Nordrhein-Westfalen, Strompreisstudie NRW 2013
4 Institut für ZukunftsEnergieSysteme, Berechnung der Belastung nicht privilegierter Stromletztverbraucher gemäß den Vorschlägen der Bundestagsfraktion von Bündnis 90/Die Grünen, September 2013
5 Forum Ökologisch-Soziale Marktwirtschaft: Reform der Begünstigung der Industrie bei der EEG-Umlage, Juni 2013
6 Deutsche Umwelthilfe: Die Energiewende und die Strompreise in Deutschland – Dichtung und Wahrheit, August 2013.
7 IHS: The Challenge to Germany's Global Competitiveness in a New Energy World, Oktober 2013

Die wahren Kosten von Kohle und Atom

1 Fraunhofer-Institut ISE: Stromgestehungskosten Erneuerbare Energie, November 2013

2 Sachverständigenrat für Umweltfragen: Den Strommarkt der Zukunft gestalten. Sondergutachten, November 2013

3 Institut für Ökologische Wirtschaftsforschung: Wertschöpfungs- und Beschäftigungseffekte durch den Ausbau Erneuerbarer Energien, August 2013

4 Forum Ökologisch-Soziale Marktwirtschaft: Was Strom wirklich kostet, August 2012

5 Umweltbundesamt: Schätzung der Umweltkosten in den Bereichen Energie und Verkehr

6 World Nuclear Industry Status Report 2013, veröffentlicht unter: www.worldnuclearreport.org

Was würde wirklich helfen – und was plant die Regierung?

1 Rheinhilde Veugelers (Ed.): Manufacturing Europe's Future, Bruegel Blueprint 21, Oktober 2013

2 Finanztest: Mehr als 300 Euro sparen, Dezember 2013,